大切な忘れもの

自立への助走

横川 和夫［著］

追跡ルポルタージュ
シリーズ「少年たちの未来」
5

駒草出版

まえがき

いじめ、引きこもり、不登校、自殺、アダルトチルドレン、ぬぐえない寂しさ・孤立感、指示がなければ何もできない未成熟な大人……といった子ども・大人を問わない現代の病は、いっこうに減る気配がない。それどころかますます増える傾向にある。

たとえ大人の問題でも、その原因を追究し、突き詰めていくと、必ずと言ってよいほど育った家庭環境、受けた学校教育、親の子どもに対するかかわり方など日本の学校教育、家庭、そして社会の構造的問題に突き当たる。

最近では競争と効率重視の新自由主義の発想が学校教育にも浸透し、学校は貧富の格差を解消するどころか、弱肉強食、格差拡大をますます助長する場になってしまった。

一九七〇年代初めに文部省（現文科省）は、高度経済成長を実現するためには一握りのエリートをつくり出す必要があるという経済界の要請を受けて、一挙に教科書を難しくし、上意下達の画一的な一斉授業を奨励し、大学入試センター試験を導入することで、偏差値という受験学力による東大を頂点とするピラミッド型の人材配置システムを構築した。

その結果、学校での成績を一点でも二点でも上げ、一流大学に入学すれば、有名企業に就職でき、幸せな家庭を築き、有意義な人生を過ごせるという「学歴信仰」「偏差値神話」の呪縛に親たちは縛られてきた。

それは一人ひとりの子どもの成長発達に沿うというより、国家の発展、企業に役立つ人材づくりが優先される教育政策である、と多くの親たちはわかっていながら、学校教育の下請け機関になり、その流れに身を任せ、試験の点数を上げるために子どもを叱咤激励してきた。

義務教育にもかかわらず、小、中学校時代から、子どもを補習塾や進学塾に高額な授業料を支払って通わせなければならないという状況は、学校教育そのものが形骸化し、崩壊してしまったと言っても過言ではない。

だが現実は、高度経済成長が終わり、学歴社会の構造そのものが崩壊しつつある。有名大学を卒業したという肩書きだけでは就職できない。採用されたとしても、コミュニケーションが苦手だ、チャレンジ精神に欠ける、指示がないと動かないといった単なる「勉強ロボット」だとわかると切り捨てられ、露頭に迷うことになる。日本経済を支えてきた年功序列主義は事実上、崩れたと言ってよい。

にもかかわらず文科省の教育行政は、文科省―教育委員会―校長―主任という上意下達の管理を、人事考課制度を導入して一層強化し続けている。

そのため現場の教師たちの多くはやる気を失い、教師同士の人間関係は希薄になり、学校は単なる受験教育の場になってしまった。それに不満や疑問を抱く子どもたちは、学級崩壊や校内暴力、いじめ、不登校、引きこもりなど、さまざまな形を取りながら反抗し、学校教育に改革が必要だと訴え続けている。

人間の顔がすべて違うように、子どもたちの持っている能力、個性などはすべて違う。勉強ができなくても、コミュニケーションが上手で、リーダーシップを発揮する子どももいる。相手の話をよく聞き、何を求めているかを察知する力がある子もいる。決断力が早いなど、他人が真似できない持ち味、その子にしかないオンリーワンの力を見つけ、伸ばしていくことが、結果として国や企業に役立つことになるはずだ。

教師や親も、これまでの偏差値至上主義、競争原理の発想を捨てて、子ども一人ひとりの人間性、自主性、独自性を尊重し、違いを認め、多様な教育をしなければならない時代を迎えている。そのためにも教師自身が上意下達の管理から解放され、自由な発想で、自らの創造力をはたらかせて、独自の授業を構築し、展開することが必要だ。ところが肝心の文科省は、戦後六十数年続けてきた画一的な教育政策をいっこうに改善する気配はない。

政権交代した民主党も、なぜか従来の自民党の教育政策を変えようとせず、上意下達の教育行政は相変わらず続いている。

教師一人ひとりに責任を負わせ、自由な発想で子どもたちが目を輝かせるような授業づくりができるのはいつになるのだろう。子どもたちが、他人の目を気にせず、自分の思ったことや意見を自由に発言し、活発な討論ができる授業が果たして可能なのだろうか。

残念ながら現状では、大胆な学校教育の改革は期待できない。

ではどうしたらよいのだろうか。

この『大切な忘れもの』は、単なる受験のための教育ではなく、一人ひとりの子どもの発達段階に沿った真の教育を求めている親たち、特に成績が上がらず学校からはじかれている子どもの問題で頭を痛めている親たちに対するカルテ、つまり処方箋である。


子どもの問題は、恐ろしいことに世代間を鎖のように連鎖して親から子ども、そして孫へと連鎖していく。子どもの顔を見たら「勉強しなさい」と言い続ける親は、振り返ってみると、その親自身が子ども時代に自分の親から「勉強しろ」と言われ続けてきた体験がある。連鎖に気付いて、その体験を反面教師として、子どもの自己決定に委ねる親は少ない。

その連鎖を断ち切ることが私たちに課せられた課題である。

そのために大切なのは、アルコールや薬物依存症の回復の決め手である自助グループの存在である。

同じ問題を抱えた人たちが集まって、自分の問題をさらけ出せるミーティングの場をつくり、そこに参加する人たちが語る体験に耳を傾ける。話を聞いているうちに自分の抱える問題が二重写しになり、やがて問題が整理され、解決のための処方箋が見えてくる。

精神病院に何回も入院し、刑務所にも入ったが覚せい剤を断ち切れなかった覚せい剤の常習者が、薬物依存症の自助グループ「ダルク」に通うことで回復したケースを私は取材した。

「止めたくても止められない」問題があれば、それは依存症と言われている。子どもの学校の成績が気になり、子どもの顔を見れば「勉強しなさい」と言い続ける親は、アルコール、薬物依存症と同じで、「偏差値依存症」だと私は思う。

この「偏差値依存症」から脱出するためには、各学校、各学級ごとに親たちが、自助グループをつくって自分の抱える問題をさらけ出せる場をつくればよい。

しかし現実にはそうした場を学校につくるのは難しい。

そこで私が問題を抱える親たちに会って、直接、話を聞き、その親の話をありのまま伝えることで、それを読む読者はあたかも自助グループの場に参加し、当事者の話を聞いた気持ちになり、自分の心の整理に役立つのではないかと考えた。そして取材し、できたのが『大切な忘れもの』である。

アルコールや薬物依存症の人たちのミーティングでは、語る人たちの体験、話をただ黙って聞くだけである。質問したり、討論することは許されない。

この『大切な忘れもの』で私は、思想や個人的な観点は示さず、当事者が語る事実を淡々と書き記した。

だから『大切な忘れもの』を読む読者の方がたは、客観的な事実を生々しく目のあたりにすることで、自分の身を置き換え、自分の抱える問題を整理し、答えを導き出すことができるに違いない。

自分と全くかかわりのないような事件や人たちでも、必ずどこかで思い当たる節があったり、感情や環境が重なったりするだろう。

そこから自分自身にひそむ、あるいは気づかぬ振りをしてやり過ごしている、しかし重大な問題に突き当たり、自分自身と向き合うことになるはずだ。

時代背景は変わっても、人間として生きる上での問題の根本は同じで、現在でもこの『大切な忘れもの』が提起する問題は、読む人たちの胸に突き刺さってくるに違いない。

子どもの問題を考えることは、親の問題を考えることであり、この『大切な忘れもの』を読むことで、現代社会に生きる人たちが、自分自身の在り方を根底から揺さぶられ、自分自身の存在や人生を見直すことにつながっていくと確信する。

『大切な忘れもの』は、共同通信から一九九六年（平成八年）に出稿され、地方新聞に約一年間にわたって連載され、大きな反響を呼んだ。そのため二年後にその続編として『もうひとつの道』というタイトルで、今度は日曜版に五十二回連載され、それぞれ単行本になった。

今回、復刻するにあたって、『大切な忘れもの』の第1章を新たに書き起こし、現在の学校教育がどのような経過で、今日のような問題を抱えるようになったかの私の見解をまとめて書き記した。

『大切な忘れもの』で紹介したドイツでのシュタイナー教育は、『もうひとつの道』でも引き続き日本での「シュタイナー学校」を取り上げた。復刻版では『もうひとつの道』に一括してまとめて収録した。

二〇一二年五月

横川　和夫

大切な忘れもの——自立への助走——●目次

第3章　変わる親たち

第4章　賢治を生きる

第1章　今のままでいいんだよ

断ち切れない「偏差値神話」

学ぶことが楽しいはずの学校が、いつから子どもたちにとっては試験に追い立てられ、他人と比較し、競争させられる地獄のような場になってしまったのだろうか。

日本の学校教育が抱える問題は、福島の東京電力原子力発電所で起きた大惨事と極めて酷似しているところがある。日本の大多数の人たちが原発は安全であるという「安全神話」を信じ込まされ、支配されてきた。

それと同じように、日本の学校教育では、点数によるランク付けといわれる「偏差値神話」が、半世紀にわたって学校、家庭を支配し、その呪縛にコントロールされている。

世界的な大事故が起きたことで、原発の「安全神話」は崩れ、脱原発ムードが高まってきている。

しかし、「偏差値神話」のほうは、高度経済成長が終わり、企業の年功序列主義が崩れ、一流大学を卒業しても就職できない就職浪人が増えているにもかかわらず、いっこうに崩れる気配はない。

いや、ますます狭くなりつつあるエリートコースに乗り遅れてはならないと、幼少期から子どもを叱咤激励する親が増えている。

偏差値を少しでも上げようと、「勉強しなさい」と、呪文のように同じ言葉を繰り返し、子どもたちは学校が終わると学習塾や進学塾に直行し、コンビニ弁当を食べて夜遅く帰宅する。日曜日の駅前では塾のネーム入りカバンを背負った子どもたちが模擬試験を受けるため、電車に乗って出掛ける姿を目にする。

精神的にも肉体的にも疲労困憊しているのが一目でわかる。

そうした子どもたちが、小さい頃に抱いた夢を持ち続け、豊かな人間関係を取り結び、正義感に燃え、決断力と持続力を備えた人間に成長できるのかどうか。

単なるペーパーテストの成績を競争して上げることが、長い目で見ると、人間の生きる力をそぎ落とすことになると親の多くは気がついている。

しかし、その競争から離脱する勇気を持てない。

その一方で、受験戦争に敗れ、落ちこぼされた少年によるさまざまな凶悪事件が相次ぎ、多数の犠牲者が出ている。

いくら努力しても成績を上げることができなくなってくると、子どもは追い詰められ、挫折し、登校拒否や閉じこもりに居場所を見つけ、退避姿勢に入る。

それさえもできない孤立した子どものなかには、ちょっとしたはずみで、たまりにたまった親や教師に対する怒りや恨みを爆発させ、大きな事件を引き起こしてしまう者もいる。

神戸の酒鬼薔薇事件、佐賀のバスハイジャック事件、奈良の放火殺人事件、秋葉原通行人の惨殺事件などは、幼少期から勉強を無理強いした「偏差値神話」に呪縛された親、そして社会に対して、子どもが怒りや恨みを爆発させた事件だ。

つい最近では二〇一一年八月三十一日夜、東京・渋谷のライブハウスで、大阪から上京した二十三歳の青年が地下一階の入り口付近にガソリンをまいて、火をつけようとした。

その寸前、「不審な男がいる」という通報を受けた支配人が飛びかかって、取り押さえたため大惨事を免れた。

ニコニコ動画の愛好者約八十人が集まって、音楽イベントを開催中で、もしもガソリンに火が放たれたら地下一階で逃げ場がないため、スウェーデンで起きた乱射事件と同じように、SHIBUYAの文字が世界に知れ渡ったに違いない。想像しただけでゾッとする話だ。

逮捕された男は警察の調べに対し、「世間の注目を浴びるとともに、両親を苦しませようと無差別の大量殺人を決意した」と、自供したという。

実はこの男は六年前、十七歳のときに東大阪市内の公園で、遊んでいた四歳の男児の頭をハンマーで殴り、陥没骨折の重傷を負わせ、中等少年院に送られた。当時も警察の調べに対し「老人以外だったら誰でもよかった。人を殺して死刑にしてもらいたかった」と自供していた。

新聞には、「少年は中学時代の学校の成績はトップクラスだったが、高校に進学してから成績が下がり、間もなく登校拒否となり、家に引きこもっていた」と書いてあった。

中等少年院を退院した後、両親と一緒に暮らしていたが、その間、何があったかは明らかにされていない。

こうした少年が起こすさまざまな事件の度に、文科省は学識経験者を入れて対策会議を開き、改善策を打ち出すが、成功した試しがない。


いじめや校内暴力は、文科省の調査でも減る気配がない。

授業についていけない子どもたちは、じっとイスに座っていられずに教室を動きまわる。さらにはいじめや校内暴力という形で、そのストレスを発散させる。ささいなことで学校に文句を言ってくる親たちも増えている。

そうした親や子どもたちに教師は手を焼き、ノイローゼになって休職し、精神科に通うケースも増えている。

高度経済成長に酔いしれている一九七〇年代は、「昨日のことは今日も続き明日へとつながっていく」と言われ、会社は従来通りのことを繰り返してさえいれば利益を上げることができた。ところが低成長時代に入って、「今日のことは明日はどうなるか分からない」という事態になったとき、「偏差値」が高いといわれる大学の学生を採用した会社からは「最近の学生は指示しないと何もしない」「困難にぶつかると、すぐ辞めてしまう」といった苦情が出され始めた。

戦後、一貫して日本の学校教育の方針や方向は、文科省の中央教育審議会が取り仕切ってきた。ところがいじめや不登校、校内暴力などが一向に改善されない事態を重視した中曽根内閣は一九八四年（昭和五九年）に、その中教審を差し置いて、首相直属の私的諮問機関である「臨時教育審議会」を設置して、教育改革に乗り出した。

委員の中には「教育の自由化」「規制緩和」「個性豊かな創造力のある人間の育成」などを訴え、従来の文科行政による教育支配を廃絶するのか、という淡い期待を子どもの問題で悩む親たちに抱かせた。

しかし、いま振り返ってみると、教育の自由化というのは文科省の教育支配から教師や生徒を解放する自由ではなかった。

その頃からイギリス、アメリカで始まりつつあった新自由主義の競争原理、つまり市場原理主義を日本の学校教育にも取り入れて、教育の民営化、規制緩和による競争を一層拡大しようとするための自由化であった。

結局、四次にわたる答申で、「生きる力、創造力、個性豊かな人間の育成」など、それまでの画一的な教育を廃絶するような「新しい学力観」を前面に打ち出した。

その結果はどうなったか。

学校教育での競争主義がさらにエスカレートした。

つまり都道府県に公立の中高一貫教育校を創設し、塾や進学塾による学校創設を自由化して、学校教育の市場開放を進めることで、経済界が求める人材育成を狙った教育改革に過ぎないことが実証された。

一人ひとりの子どもを人間としてではなく、生産物と見なし、学校という工場に子どもを押し込むと、企業に役立つようにと、さまざまに加工された人間ロボットが生産できるという人間の尊厳を無視した発想だったのである。

それは収穫されたミカンがベルトコンベアに乗せられて、大、中、小と見事に選別されていくのと酷似している。偏差値という数値によって、東大を頂点とするピラミッド型の人材配置システムに子どもたちは選別されていく。

つまり小、中、高校、大学という教育装置を通して、人間はロボット化されていくのである。ロボットだから、組み込まれたプログラムには対応できるが、想定外の新しい事象には適応できない。

世界に約七〇億人の人間が存在する。一卵性双生児は別として、同じ顔をした人間は存在しない。人間であることは、それだけ多様性に富んでいることである。それぞれが多様で、持ち味や考え、物の見方も違い、発達の度合いも異なる。

短距離型で、小学生段階で成長する子もいれば、高校生になって芽を出す後発タイプもいる。覚えたりすることは苦手だが、発想力がユニークで、リーダーシップを発揮する子もいる。人間関係を結ぶことが得意で、ばらばらになったクラスをまとめることで能力を発揮する子もいる。それぞれの個性、発達段階に見合った教育をすべきなのに、日本では文科省が決めた学習指導要領という基準に沿って画一的に学ぶことを強制される。

偏差値で序列化された大学入試は一向に改善されず、その結果、ますます日本の学校教育は混迷を深め、貧富の格差をなくす場であるはずの学校教育が、逆に貧富の差を拡大する場となり、文科省による教育行政支配は一層強固なものになり、混迷を深めているのが現状である。

日本の学校教育での最大の間違いは、点数を競い合わせることで学力を上げようとする競争原理の発想である。

ペーパーテストで測ることができる人間の能力は、ごく一部にすぎない。しかもその限られた点数による序列化が、他の計り知れない能力を持っている子どもたちを弾き捨てるだけでなく、「自分はダメだ」というコンプレックスを抱かせてしまう。

画一的な学習指導要領に基づいて、試験を繰り返し、子どもを序列化することで、それぞれの持ち味を生かした個性的な人間に成長する可能性の芽さえも踏みつぶしてしまっているのである。

原子力発電の「安全神話」が崩壊し、放射能被害が連鎖的に広がりつつあるにもかかわらず、東電から「甘い汁」を飲まされ続けてきた経産省の官僚、御用学者、そして政治家は、脱原発に踏み切れない。

それと同じように教育の恐ろしいところは、親が自分の受けた競争原理に基づく教育方法を、親から子ども、そして孫へと連鎖し続けることだ。

だから競争させることで学ばせ、偏差値による序列化により、進路を決めて行くという学校教育の構造、連鎖を断ち切ることは至難の業となっている。

中央集権体制の文科行政

ではどうしたらその連鎖を断ち切ることができるのだろうか。

そのためには「偏差値神話」の裏側に隠されている文科行政の実態、学校教育の現実をきちんと正確に認識することが必要だと思う。

電力会社が原発の「安全神話」を構築するために、メディアを利用したように、「偏差値神話」もメディアによって流され、メディアによって浸透した部分が大きい。

実は私も高校生のときに「偏差値神話」に影響され、受験勉強に追い立てられ悪戦苦闘させられた一人だった。

そして、いまから四〇年近く前の一九七二年の夏、共同通信の記者として文科省を担当し、文科官僚の説明を聞いていくなかで「日本の学校教育はこれでよいのだろうか」という疑問を感じ、

「偏差値神話」に象徴される日本の学校教育の在り方に初めて問題意識を持たされた。

というのは、私が文科省を担当した一九七二年は、四月の新学期から新学習指導要領に基づく新しい教科書が小学校一年生から使われ始めた年だったのだ。

夏休みが終わって二学期が始まって間もなく、当時の稲葉修文相が、閣議後の記者会見で、こんな発言をした。彼は官僚出身ではなく、弁護士出身だったので会見もユニークなものだった。

「オレの小学生になる孫が、教科書をどうもよく分かってない。文科省の役人に『どうしてなんだ』と聞いたら、『難しくつくりすぎたからです』と。義務教育なのに難しい教科書で教えるのはおかしい。どの子にも理解させる必要があるので、学習指導要領の弾力的運用を打ち出すことにした」

学校で使われる教科書は、教育課程審議会の答申を受けて、文科省が学習指導要領をつくり、それを基に教科書会社が教科書を作成する。そして文科省の検定を受けて新しい教科書が出来上がる仕組みだ。

教育課程審議会の答申から教科書が出来上がるまでに五、六年はかかるのだが、実際に使ってみたら難し過ぎるから弾力的に運用しろ、というのは、文科省がつくった新しい教科書は欠陥商品ではないのかと、私は思った。

当時の日本は高度経済成長の真っ盛りで、使い捨ての消費ブームに世の中は酔いしれていた。新しい商品が次から次と出現するが、何か問題があるとメディアは「欠陥商品」と批判し、たたかれた商品は市場から姿を消していた。

私は文科省が「欠陥教科書」をつくったと思い、記者会見の後、小、中、高校の学校教育担当で、教科書作成の責任者でもある初等中等教育局長室へ足を運んだ。

初等中等教育局長は、私の質問に素直に答えてくれたのだが、今でも、そのやりとりを鮮明に覚えている。

というのも、その一問一答で、私は日本の学校教育、文科行政の在り方に疑問を感じ、以来、定年退職するまでの二十五年間、教育と家庭の問題を追及し続けることになったからである。それはこんなやりとりだった。

――五年がかりでつくった教科書を実際に使ってみたら、難し過ぎるから弾力的に取捨選択して教えろということは、文科省が欠陥教科書をつくったことにならないですか。

「実は日本には教育をヨコに見る専門家がいないのです。みんなタテでしか考えない」

――タテでしか考えないとは、どういうことですか。

「小学一年生では国語はこの程度、数学はこの程度教えればよい、というように学年単位でヨコに見る専門家がいない。みんな自分の教科のことしか考えない。理科教育の専門家は、湯川秀樹のようなノーベル賞物理学者が三十代に花を咲かせるように理科のカリキュラムを組む。数学や音楽の専門家は、世界的な数学者、音楽家を育てようとするから、最後は教科ごとに時間の分捕り合戦になってしまい、その調整をするのが大変なのです。だから子どもたちが消化不良を起こすのは当然なんですね」

その話を聞いて、私は当時、小学一年生だった長男、その下の二男、三男、そして二歳になる長女の四人の子どものことが頭をよぎった。

――それでは普通の子はどうしたらよいのですか。

「いや、そこが現場の教師に与えられた責任で、自分の受け持っている児童生徒たちの能力に応じて、教科書にある内容を取捨選択して教える。それが現場教師の責任なのです」

――しかし、そうは言っても、教科書に載せてあることを教えなければ、親が文句を言うだろうし、第一、入学試験があるから、教師はすべてを教えなければならないのではないですか。

私は初等中等教育局長が、「そうなんですよ。だから大変なんです」と答えるだろうと思ったのだが、話題を変えて、とんでもないことを言ったのである。

「いや、日本は国土が狭いから、諸外国と対処していくためには頭脳で勝負しなければならない。その可能性を残しておかなければならないのです。つまり頭の良い子が、頭の悪い子に足を引っ張られるのは不平等だから、頭の良い子もこなせるように教科書はつくってあるのです」

最初は教育の専門家に責任転嫁する発言をしていた初等中等局長が、思わず本音を漏らしてしまったのだ。そして最後にこう結んだのだ。

「学校教育は、いったん間違えると、その修正をするのに時間がかかり、大変なんです。だから私たちは間違えのないように努力してきたつもりです」

初等中等教育局長は、学習指導要領を弾力的に運用すればよいのであって、自分たちがつくった学習指導要領は間違っていないと強調したのだった。

私は、初等中等教育局長の話を聞くまでは、教科書は普通の子ども、つまり、能力で言えば真ん中程度のレベルの子どもを基準にしてつくられていると考えていた。

学生時代に統計学を学んだときに、何事も統計を出してみると、極端によいものと悪いものは同じように少数で、それを図に表すと提灯のように一番多い真ん中が膨らみ、だんだん両端に行くに従って細くなっていくのが正常なのだ、と。

ところが初等中等教育局長の説明では、国家の発展のためには一握りのできる子（エリート）が必要だから、意識的に難しい内容を盛り込んである、つまり大半の子どもたちが理解できないような難しい内容の教科書にしていることを初等中等教育長自らが認めたことになる。

「これでは日本の学校教育が大変なことになる」と、私は直感した。

翌日の朝刊各紙は「文部省、学習指導要領の弾力的運用を通達」という見出しで一面トップ記事となった。

特に問題になったのは、小学校一年生の算数の教科書だった。当時、流行の「集合」という概念を取り入れたもので、最初のページに億単位の数字を学ばせる仕組みになっていた。まだ一から十までの数字の概念さえはっきりしない子どもたちに、いきなり一億の単位を教えるという発想自体がおかしいと、現場教師からの批判が相次いだ。

私は文科省の教育行政を取材するうち、文科省は本音と建前を使い分けていることに気がついた。

文科省は表向きには、「日本の学校教育では一人ひとりの子どもを大切にする教育をしており、エリート教育は全くしていない」と、説明してきた。

しかし現実は、わざと教科書の内容を高度にレベルアップして、小、中、高校、そして大学に進むにしたがい、勉強のできないものは切り捨て、選別して、最終的には東大を頂点とするピラミッド型に序列化された人材配置システム、つまりエリートを選抜する学校制度を構築してきたのである。

それは、どんな時代になっても、その社会が求める多様な人材をはぐくむ教育システムとは全く相反する。

日本の農林行政が、戦後、何もない焼土から国家を再建するためには、成長が早く、使いやすい杉の木がよいと、それまであったさまざまな樹木を伐採して、全国至るところに杉の木を植林したのと似ている。

外国から安い木材が輸入され始めると、杉の木は見向きもされず、全国いたるところで放置された結果、スギ花粉の公害問題が起きている。

偏差値一辺倒の受験学力が通用しなくなったときに、画一的な学校教育では、次に必要な人材が育たないのである。

その受験学力を支えてきたのが、大学入試センター試験だ。

五十二万人の受験生が受験する全国統一試験の結果は、コンピューターのはじき出す数字で、一人ひとりの偏差値学力の順位が確定する。

この制度は一九七九年に「共通一次試験」という名称で、国公立大学の入試に導入されたが、九〇年から名称を「大学入試センター試験」に変更するとともに私立大学も利用できるようになった。

実は私が文科省担当となり、最初に書いたのが「共通一次試験」の第一次計画案だった。文科省と国立大学協会の計画立案チームがつくり上げたもので、導入する狙いは大学入試の難問奇問を廃止し、受験生の負担軽減を図ることだという説明だった。

当時、新たな試験の創設は、受験生の負担を増すことになる、という反対論があった。

私は担当する大学教育課に出掛け、課長から詳しい説明を受けた。

課長はこういう説明をしていた。

「共通一次試験は、受験生が高校で履修した教科・科目をどの程度、身に付けたかを調べるためのテストだから、特に受験勉強する必要はありません。逆に共通一次試験を導入することで、大学がユニークな二次試験ができるようになり、自分たちの大学学部で学ぶにふさわしい学生を採用できるようになります」
しかし共通一次試験を導入した結果、大学教育課長の「受験勉強する必要はない」どころか、少数単位で切り刻まれる点数を少しでも上げるため受験生の負担は増大し、受験学力による「偏差値神話」が幅を利かし、東大をトップとするピラミッド型の人材配置システム構築に大きく寄与したのだった。

その文科行政の建前と本音を見抜いて、真実をきちんと書くことが記者の役割であることに私はだんだん気付かされていく。

私たちの先輩記者たちは、その点を見抜いて記事を書いてきたのだろうか。過去にさかのぼって調べてみたくなった。

文科省が「弾力的に運用しなさい」という異例の通達を出さざるを得ないほど詰め込み教科書をつくる元となった教育課程審議会の答申が出されたときに、当時の記者たちはどんな記事を書いたのだろうか。

記者クラブに隣接する記者会見室の棚には、文教関係の切り抜き記事が収録してあるスクラップブックが年代別に並んでいる。教育課程審議会の答申のときの記事を見て驚いた。

「教育内容の精選化を打ち出す」という見出しがついているではないか。

ということは、教育課程審議会の答申では精選化を打ち出したのに、結果的には内容が高度で、詰め込み教科書になった、つまり教育課程審議会の答申のときの文科省の説明は表向きには精選化と説明し、それを鵜呑みにして先輩記者たちは精選化という記事を書かされていたことが分かった。

さらに調べてみたら、教育課程審議会が答申を出す前に、日本の経済の方向を決める経済審議会の分科会が、「日本が高度経済成長を達成するためには、同一年齢人口の五％のハイタレント・マンパワーの育成が必要である」という答申を出していた。

ハイタレント・マンパワーとはエリートという意味だ。つまり文科省は経済界が求めるエリートを養成してほしいという意向を受けて、四十人のクラスでは二人ほどの一握りのエリートを育成するために、一挙に教科書を高度で、難しい内容にする答申を出させたのであった。

極端な言い方をすると、四十人のクラスで二人しか理解できない内容の難しい教科書のため、残り三十八人は授業についていけない、塾や家庭教師の手助けなしには理解できない学校教育にしてしまったということになる。

文科省という役所の最大の弱点は、ときの権力に弱いことだ。つまり財界、そして自民党、中でも文教族には抵抗できない。

財界から五％のエリートをつくってほしいという要望が出されると、教育的には「それは無理だ」「そんなことをしたら大量の落ちこぼれをつくってしまう」と分かっていても、拒否できない。

つまり子ども一人ひとりの成長、発達を考えるのではなく、日本の国家の発展、つまり財界、企業の利益を上げる「人材つくり」のための教育行政なのである。

一握りのエリートをつくり出すことは、他の多くの子どもたちが犠牲になることが分かっていながら、自分の命をかけても阻止する根性を持った役人はいない。自民党、財界など権力のあるところには弱い、抵抗できないのが文科省なのである。

こんなことがあった。国語審議会が当用漢字を何字にするかについて答申を出したとき、審議会会長である共同通信の福島慎太郎社長（当時）が記者会見し、自分たちが決めた当用漢字数が最後の土壇場で、文科省の要請で追加させられたことを明らかにした後、こんな風に文科省の役人を皮肉たっぷりに批判した。

「文部省の役人は三等役人だから、権力に弱い。御殿女中みたいなもんだよ」

子ども一人ひとりの成長、発達のためには、たとえ経済界や自民党から圧力をかけられても、教育内容を一挙に難しく、詰め込みにすることには反対だと、拒否していれば、日本の学校教育は、これほど荒廃しなかっただろうと思う。

東大の教授から、こんな話を聞いたことがある。

「どんなことをやらせてもできる秀才は、今も昔も変わらず存在します。変わったのは大多数の中間層です。昔は大学に入学してから勉強して成長しましたが、今は酒のおつまみの『のしイカ』のように受験勉強で伸び切ってしまい、大学に入っても成長しません。逆に母子分離ができておらず、何をやっていいかわからない学生が多い。だから授業の出席率だけは高いのです」

この教授の語ったことが真実だとすると、経済界が求める一握りのエリートは、文科省が教科書を難しくする、しないに関係なく出現している。しかし教科書を難しくしたことで、受験勉強に精力を費やした結果、将来、自分は何をしたいか、何を目指すかも自分で決められない大量の「ロボット人間」を輩出させていることになる。

だからエリート対策は必要ないのに、わざと教科書を難しくすることで、いかにも日本のエリートは文科省の教育行政によって出現しているかのように見せる、思わせているところが文科省のお粗末なところである。

文科省の役割は、エリートを養成するために難しい教科書をつくることではなく、さまざまな事情で家庭では学ぶことさえできない底辺層の子どもたちの学力をいかにしたら高めることができるかに知恵を絞ることだ。

それが公教育ではないか。

一握りのエリートづくりのためにわざと難しい教科書をつくることで大量の落ちこぼれを出し、不登校や校内暴力、そしていじめといった学校教育を荒廃させる元凶となっていることを考えると、文科省の罪過は大きい。

私たちの生活もいったんレベルを上げると、上げたものを再び下げることは至難の業となる。

私の中学生時代は、冷蔵庫といえば上段に氷の塊を置いて冷蔵庫内を冷やすもので、夏になるとリヤカーで氷を配達していた。ところが今は電気冷蔵庫である。昔の氷を使った冷蔵庫には戻すことは不可能だ。

学習指導要領も同じで、いったんレベルを上げたら、それを下げることは不可能に近い。各教科の専門家が、レベルを下げることを嫌って、認めない。

それではどうするのか。

学習指導要領の弾力的運用を打ち出した後、文科省はほぼ十年ごとに教育課程審議会の答申を経て学習指導要領を改定してきた。

改定の度に「ゆとり教育」を前面に打ち出して、いかにも詰め込み教科書を改善したように説明してきた。

しかし現実は教育内容のレベルを下げることはせず、練習問題を省いたり、小学二年生で教える内容を三年生に回したりして、改善策は小手先だけ。

教科書が薄くなったとか厚くなったとかが話題にはなるが、初等中等教育局長が述べたように、小学一年生では国語はどの程度まで教えたらよいのかなど、成長発達段階に合わせて教育内容を総合的に考え、決める専門家が日本にはいないし、養成してこなかった。

だから学習指導要領を改定する度に、教育内容はクルクル変わり、現場教師は混乱するだけとなり、学校教育は改善されない。

国家、企業に役立つ人材づくりではなく、本当に一人ひとりの子どもを大切にする教育行政に改めるためには、子どもの発達段階に合わせた学習指導要領づくりのために永続的な調査研究機関を創設し、外圧に屈することなく、教科中心ではなく、学年単位で、国語はこの程度、算数はここまでといった横断的なカリキュラムをつくる必要がある。

これだけ教育内容が問題になっているのに、文科省は総合的、横断的な学習指導要領の調査研究に取り組んだ形跡はない。

しかも悪いことに、文科省は学習指導要領に法的拘束性があると主張し、現場教師が学習指導要領を越えて教えることを禁止してきた。

つまり現場の教師は、自分のクラスの子どもたちが教科書を理解していようが、いまいが関係なしに、学習指導要領通りに授業を画一的に進めていかなければならない。文科省―教育委員会―校長―教頭（副校長）―主任という上意下達の行政システムが築かれ、従わない教師は、過疎地に左遷することなどの懲罰人事で反抗できない仕掛けになっている。

この文科省を頂点とするピラミッド型の中央集権体制が、学校教育から自由を奪い、国家主義的教育にはしり、戦争への道につながったとして、第二次大戦後、ＧＨＱにより解体された。そして、すべての都道府県、市町村に教育委員会が設置され、当初の計画では、それぞれの教育委員会が自分たちの学校で使う教科書を作成し、地方色豊かな教科書が出来上がるはずだった。

いわゆる教育の地方分権化である。

ところが文科省は、戦後の経済状態の混乱に乗じて、教科書用紙を確保することが困難であることを理由に、教科書検定制度をつくり、地方教育委員会に教科書をつくらせなかった。

また教育委員も当初は公選制で、選挙で選出する仕組みだったが、いつの間にか公選制を廃止し、知事、市町村長の任命制に切り替えた。

その結果、形の上では地方教育委員会は存在しているが、肝心の教育内容を決める学習指導要領は文科省が握り、いつの間にか戦前と同じような中央集権体制の教育行政システムに戻してしまったのである。


近年、経済協力開発機構（ＯＥＣＤ）は三年おきに三十二カ国、十五歳の生徒を対象に「国際的な学習到達度調査」（ＰＩＳＡ）を実施している。二〇〇〇年（平成十二年）の第一回目の調査では日本は数学、科学で一、二位を占めた。

ところが回を重ねるにつれ、成績が下がり始め、文科省は教科内容を三割削減したゆとり教育に問題があったとして見直し、また再び詰め込み教科書に戻している。学校教育について文科省の見識のなさを再度、露呈した感じだ。

中山成彬文科相にいたっては、二〇〇四年に「もっと教育に競争原理を導入し、学力テストの結果も公表して、各校が競い合う必要がある」などと発言。これを契機に文科省は二〇〇七年から小、中学校での最終学年を対象に全国学力・学習状況調査と称して全国テストを実施している。

メディアは、こうした文科省の説明を鵜呑みにして「学力低下」と騒ぎ立て、「ゆとり教育」が問題だったという報道をしている。しかし問題の本質は別なところにある。

三年おきのPISAの学習到達度調査は、実施の度に、問題の内容、質を変えていることを文科省は説明していないのだ。

日本の成績がよかった第一回目は、学んだ知識をどの程度身につけているかを調べるためのテストで、日本の学校教育の詰め込み主義が功を奏した。

ところが二回目は、その身に付けた知識を基に、事象を分析したり、判断して、自分の見方、意見をもっているかどうかを試すための問題で、問題の質そのものが違う。だから前回と結果を比較することに意味はない。

二回目に成績が下がったのは日本の学校教育では自分の意見を出したり、考えを述べる力が育っていない、応用力が弱いと、以前から指摘されていたことが実証されたに過ぎない。

つまり日本の学校教育の詰め込み主義の弱点が相変わらず改善されていない、文科省の教育行政の対応が不十分だったことが明らかになったのである。

点数で競い合わせるという日本の学校教育の在り方を根底から改革しなければならないにもかかわらず、それには目をつぶって、相変わらず全国統一学力テストで競争させることで成績アップを図ろうとするのは本末転倒と言わなければならない。

全国統一学力テストの弊害が大きいことは、一九六〇年代に行われた「全国中学校一斉学力調査」で実証済みだ。学校や地域間の競争が過熱し、授業がテストのためのトレーニングの場になり、成績の悪い子を受験させないなど、学校教育そのものが荒廃したため中止となったのである。

その失敗を防ぐため、今回の全国統一学力テストは、小・中学校とも最高学年に限定、テスト結果の公表は都道府県単位だけで、市町村別の公表は各教育委員会に一任するという形をとった。

ところが秋田県では知事が市町村別の正答率を公表し、そのためか都道府県別の成績では小学校がトップとなっている。

その一方では成績が平均より大きく下回っている大阪府の橋下徹知事は、市町村教委に結果を公表するよう要請したが、ほとんどの教委が「過度の競争をあおることになる」と、応じていない。

業を煮やした橋下知事は「大阪維新の会」に「教育基本条例案」をつくらせ、学力テストの結果を公表させようと意気込んでいる。

このように、いかなる形であれ全国統一学力テストを実施することにより、各都道府県市町村単位で、結果を競い合うことになりかねない。

その結果、学校での授業は試験のためのトレーニングの場となり、子どもたちに一番求められている自分の頭で考えたり自分の意見を述べたりする力が培われないことになる。

学校間格差の拡大

西欧の学校教育はどうなっているのだろうか。

私が共同通信で教育問題担当の論説委員をしたとき、各社の論説委員とオランダ、ドイツの学校教育を視察した。そのときのことが忘れられない。

オランダの教育省を訪れて驚いたのは、広報官が「私たち教育行政に携わる者の役割は、現場の教師がいかに授業をやりやすくできるかを手助けすることです」と、説明してくれたことだ。

日本の文科省の上意下達の教育行政とは、そもそも発想、心構えが正反対なのだ。

教育を行う現場教師の当事者性を大切にしていることの違いは大きい。

この当事者性を大切にする、重んじる姿勢が文科省にないため、現場教師はやる気を失い、日本の学校教育が荒廃してしまったと言っても過言ではない。

当時、日本では厳しい校則が問題になっていた。

私たちは訪れたオランダの中学校で、「校則はありますか」と質問すると、校長は「あります。それは『人間らしく行動すること』で、それ以外ありません」という答えが返ってきた。

「人間らしく行動することとは具体的にどういうことですか」と、すかさず質問すると、校長から返ってきた言葉は「それは生徒自身が自分で考え、自分で決めることです。あまり細かい規則をつくると、生徒自身が自分の頭で考えることをしなくなるので、つくりません」という。当事者性を重んずるとはこういうことか、と考えさせられた。

教師の当事者性も尊重されている。

学習指導要領はあるが、教師はそれに束縛されることなく、自分の好きなように教えてよい仕組みだ。

たとえば国語（オランダ語）を教えているクラスでは、二十五人の生徒一人ひとりに違う教科書が与えられ、机に座っている教師の前に生徒の列ができていて、個別指導を受けていた。一斉授業ではないのだ。

そもそも学習指導要領で、国の教育水準を維持しようとする発想そのものが時代遅れだ、というのである。

オランダでは学期末ごとに各学年で統一試験を実施することで、国の教育水準を維持している。つまり統一試験に合格さえすれば、教師は何を教えてもよい仕組みなのだ。

教師は自分自身の創意工夫で教える内容を組み立てることができる自由を与えられることによって、授業に対する意気込みが違ってくる。

職員室はない。各学年ごとにラウンジがあり、休み時間に教師たちはそこに集まって雑談して、時を過ごす。校長が伝えたい事や相談したい事があったら、そのラウンジに集まって討論したりする。

教室の前方窓側隅に教師の机があり、そこが教師の事実上の居場所となる。つまり、教師は自分のクラスの主であり、校長は取りまとめ役といった感じなのだ。

日本では教師の採用は各都道府県で行うが、オランダでは各学校独自で個別に行っている。数学の教師が必要なときは、その学校が教師を募集する広告を出して応募者を募り、面接をする。面接するのは、校長のほか、数学の教師を採用する場合は数学の教務主任、さらに各学校にある「先生と生徒の会」の会長の計三人だ。「先生と生徒の会」の会長が生徒の場合は、生徒が面接に参加するという。

さらに驚いたのは、小学校では学区制がなく、子ども自身と親が希望する学校に入学できることだ。これには宗教的なバックグラウンドがある。

オランダではカトリックとプロテスタントとの間で宗教的対立があったとき、カトリックの家庭は自分の子どもをカトリック学校に通わせたいという希望が出され、それぞれが希望する学校を選択できるようになったのだという。ここにも当事者性を重んじる精神が息づいている。

だから入学式が近づいてくると、各学校でどんな授業に力を入れているかの説明会が開かれる。親は、その説明会に参加して校長らの話を聞いたり、その学校に子どもを通わせている親にも会って、自分の子どもに適した学校を選択するのだという。

オランダの場合は、それぞれの家庭、親たちの価値観が多様化しているため、一つの学校に殺到することはないという。

日本でも臨教審の答申を受けて、文科省は小、中学校の通学区域の弾力化を図り、全国的に通学区域の弾力化を進めてきた。

ところが日本の場合は、偏差値の高い有名高校に合格者を送り込む小、中学校に児童生徒が集中するため、学校間格差が激しくなって、底辺校では児童生徒が集まらず、統廃合が繰り返されていく。

底辺校周辺には経済的に貧しい人たちが取り残され、地域の格差が拡大していくという、とんでもない問題が起きている。

日本での通学区域の弾力化は、一人ひとりの子どもたちに見合った教育をすることが狙いではない。

弾力化を図れば、学校間で競い合い、互いに切磋琢磨し合うことで教師の質が高まるだろうという競争原理の発想がはたらいているのである。

自分で考え、自分で決める、自己決定の姿勢

わずか二年間の文科省担当だったが、妻から聞かされる小学一、二年生の長男の成績の状況、それに対する文科省の役人とのやりとりなどを通じて、日本の教育行政は文字通り一握りのエリートを育てることしか考えていないことを私は実感させられた。

こんなことがあった。

ある日、妻が「お父さん、これ見て」と、一枚の紙を私に手渡した。

それは小学二年生となった長男の算数のテストで、赤ペンでゼロのマークがついていた。よく見ると一ケタの割り算で、問題十題の答えが全て間違っている。私も数学は苦手だったが、基礎基本である一ケタの割り算が覚えられていないことには驚き、慌てた。

翌日、文科省記者クラブの担当である総務課長が記者クラブに顔を出したとき、「実は小学二年になる長男が一ケタの割り算ができず、十題とも間違っていたんですよ。どうしたらよいのですかね」と尋ねてみた。

総務課長は何と答えたか。

「横川さん、今からでも遅くはないですから、家庭教師を付けたほうがいいですよ」

「もう少し子どもの勉強をみてやったほうがいいですよ」「こういうトレーニングペーパーがあ

りますよ」といったアドバイスかと思っていたら、「家庭教師をつけなさい」だった。

つまり文科省の役人も、教科書は難し過ぎるので、普通の子どもは家庭教師を付けなければ落ちこぼされるという認識を持っていることが分かった。

小学校二年生で家庭教師の手助けがなければ、学校の授業についていけないほど子どもの発達段階に反した学習指導要領がつくられたということだ。

経済的な理由で家庭教師など付けられない家庭の子どもは完全に落ちこぼされていく。

こんなことで日本の学校教育はよいのだろうか。私の中で、文科行政に対する不信感はますます強くなっていく。


私が文科省を担当していたときの教育担当デスクが、その後、「妻たちの思秋期」など数々のルポルタージュをまとめた斎藤茂男さんだった。

私が文科省の取材で感じた疑問を彼に話をしていくうち、「文部省の発表だけを字にしていては、日本の学校教育の実態を伝えることはできない。自分たちの足で教育現場を歩き、直接取材して書かなければダメだ」という結論に達した。

そして斎藤さんをキャップとする三人の教育取材チームが編成され、予備取材の後、「教育ってなんだ」というタイトルで、一九七五年四月から一年間の長期連載ルポルタージュが始まった。『教育ってなんだ』は、太郎次郎社から上、下二冊の単行本になっている。

背表紙が日焼けで茶色くなった三十五年前のルポルタージュを手にとって見て、驚いた。当時も子どもたちの自殺が相次ぎ、現場の教師たちは教育委員会や校長からの厳しい管理や締め付けに悲鳴を挙げていた。

『教育ってなんだ』の前書きの項目の一つに「死の周辺を洗うことから」という小見出しがついていて、こんなことが書いてある。

「教育に強い関心を抱くようになった契機の一つは、ここ数年、しばしばぶつかってきた子どもの自殺だった。文部省は国会での調査要求をきっかけに、ようやく七二年になって、全国の都道府県教育委員会を通じて、自殺件数を集計するようになったが、それによると、七〇年から七四年までの五年間に届け出のあった公立中学・高校生の自殺だけで、じつに千二百二十九人を数えていた。年間平均して二百人を超す子どもたちの死。これは一体何を暗示しているのだろうか」

そして一九七五年一月から三月までの三カ月間に自殺した小、中学生十三人の状況が箇条書きのように並べてあった。

★一月六日―大阪市の中学三年男子（一五歳）、親から女友だちとの交際をやめて進学の勉強をするよう叱られ、ガス自殺。

★一月七日―大阪市の中学三年生男子（一五歳）、受験勉強に疲れ、ガス自殺。

★一月八日―新潟県中頸城郡の小学五年女子（一〇歳）、自宅裏の木にビニールひもをかけ、首つり自殺。冬休み帳をなくしたと悩んでいた。

★二月六日―和歌山市の小学六年生女子（一一歳）、宿題の版画の下絵を忘れ、図工の授業時間中に校舎四階から飛び降り自殺をはかる（重傷、未遂）。児童会の副会長をし、成績は上位だった。

……………

そのなかの兵庫県姫路市内で起きた一家三人心中事件の現場に飛んで『教育ってなんだ』のルポが始まる。

教育熱心な母親が中学二年の一人息子の成績を上げるため三歳のときからオルガンを習わせ、小学校に上がると、さまざまな塾に通わせ、夜は深夜まで母親が横について勉強させていたことが浮き彫りになっていく。だが、「学業成績四十三人中三十五番。ＩＱ八十九、人付き合いはよいが、落ち着きがない」という息子にとって母親の期待に応えられることができない。そこで彼は心中の四日前、学校に放火し、ボヤで消し止められたものの警察に補導された。二年間に十一件の放火、損害額にして二億四千万円にのぼることが分かり、一家三人心中に追い込まれていったのだった。

警察に男子の供述調書が残っていた。

「僕がこのようなことをしたのは勉強の成績が悪いからです。お母さんがしつこく夜十二時まで勉強せいというので、ぼくは頭が痛くて困っておりました。学校や家の近くで火事になると、みんなが大騒ぎして、ぼくは勉強しなくてもよいと思ってやったことです。でも、火をつけたことは悪いことだと思っています。許してください」

こうして『教育ってなんだ』は、子どもの自殺、親子心中事件などの追跡から、全国一斉模擬テストを繰り返しながら学校教育を支配している予備校、進学塾、そこに吸い込まれていく子どもたちの状況に迫っていく。

そして文科省―教育委員会―校長―教頭―主任というルートで、がんじがらめに支配、束縛されて身動きできなくなっている教師たちの実態にも踏み込んだ。

当時は、愛媛県と栃木県が「正常化県」と呼ばれ、日教組の組織率も極端に低く、文科省の教育方針を忠実に学校教育に反映させることで知られていた。それが三十五年過ぎた現在は、愛媛、栃木だけでなく残り四十五都道府県がほとんど「正常化県」と呼んでもおかしくないほど、日教組は骨抜きにされ、組織率も低下してしまった。

ということは、それだけ上からの教師管理が厳しくなり、子どもたちは学力アップのために競争させられ、試験地獄に陥っていることになる。

『教育ってなんだ』は、そうした流れのなかでも、自分なりの創意工夫を凝らしながら子どもたちの目を輝かせる授業に取り組んでいる教師の姿を紹介して、九十八回にわたる一年がかりの連載を終えたのである。

斎藤茂男さんは「さまざまなストレートニュースだけでは、現代の状況は報道しきれなくなっている。一つの現象をボーリングして、表層部分の下に深く広く横たわっている岩盤の部分まで含めて、丸ごとつかみ出すことで、読者はその現象の意味を理解することができるんだ」と、事あるごとに繰り返していた。

私は深く掘り下げていくという取材手法にはまり込み、その後も斎藤茂男さんとさまざまな要因が重なって問題を起こす非行少年少女と呼ばれる子どもたちを取り巻く家庭、学校の実情に迫ったルポルタージュ『父よ母よ！』の長期連載に取り組んだ。

出来るだけ生の声を語り口調もそのまま伝えようと、直接会って取材をする人たちの声をテープにとった。

取材を終えて、そのテープ起こしに大半の時間を費やし、帰宅するのは連日、午前二時か三時。当時は土曜日も休みでなかったから、日曜日は午後二時か三時ごろまで寝ないと疲れがとれなかった。

四人の子どもたちと一緒に食事をするのは日曜日の夕食だけ。

妻が夫である私の助けを一番必要としたとき、私は「仕事依存症」になっていた。そんな生活が七、八年続いたろうか。

妻は体調を崩し、子どもたちを学校に送り出すと、帰宅するまで床に伏せた。半年後、「家庭崩壊」寸前まで追い詰められたとき、妻は開き直ったように立ち上がった。

それまでは子どもの学校の成績が気になっていたのだろう。私に子どもたちに目を向けるように促したりしていたが、それからは学校の成績については一切、口出しをしなくなった。

子どもたちのあるがままの存在を認めて、「今のままでいいんだよ」「自分で考え、自分で決めなさい」と、子どもたちに自己決定させる姿勢に切り替え、以来、それを貫き通したのである。

その結果、子どもたちはどうなったか。

長男は一浪した後、三十五ミリの映像カメラマンになりたいと日大芸術学部の映像学科に入学した。

二男は、「俺は大学には行かない。手に職を付ける大工になる」と、住み込みで大工見習いの仕事に就く。

三男は普通高校を二年で中退して、ソバ屋の出前をやり、建設事務所、そして大工見習になる。

一番下の長女は、埼玉県飯能に創設された私立、自由の森学園を卒業した後、菓子づくりをしたいと大阪の辻調理学校に行く、というように、それぞれに自己決定をさせた結果、子どもたちはこのような進路を選択したのだった。

当時の私は、大学に進まない選択をした二男、三男、長女の将来について、全く不安を感じなかったと言えばウソになる。

特に高校二年で中退した三男については自己決定したのだから認めざるを得ないという気持ちがある一方で、できれば高校だけは卒業してもらいたいという願望を捨てきれないでいた。

三男は中学時代の成績は1と2で、「オレはアヒルとエントツだ」と開き直り、通学区域内の普通高校に進学できず、隣接の中退率が全国一という普通高校に越境して進学することができた。

私も入学式に参加したが、髪を黄色に染めた子や長い学ランを着た子、リーゼントスタイルの髪型をした子の姿もちらほらしていた。

「担任の先生に頼られるのは大変だあ」と、ぼやいていた三男が、「中退したい」と言い出したのは、高校二年の三学期も中ごろになったときだ。

「オレ、中退したいんだ」

――どうしてだ？

「勉強がつまらない。くだらない」

――授業がつまらないというのは、たとえばどういうこと？

「たとえば美術の授業は、教科書に書いてあることをノートに写せというんだ。小学生でもやれる、そんなくだらんことなんかやってられるか」

――授業がつまらないというのは分かる。お前は部活でサッカーをやってるけれど、好きなサッカーをやっていればいいんじゃないか。

「サッカーも部活で一所懸命やってきた。しかし勝った体験がないんで、みんな練習にも熱が入らない。もうみんなを引っ張っていくのにオレは疲れたよ」

――それは分かる。しかし今は高校卒業資格がないと、専門学校も受験できない時代だ。あと一年、我慢して高校に行けないのか。

傍で三男とのやりとりをじっと聞いていた妻が割って入ってきた。

「お父さんの言うことは、お父さんが新聞の論説でいつも書いていることと違うんじゃないの？」

私は論説では子どもに自己決定させることが大切だと説いていた。

この妻のひと言で私は何も言えなくなり、三男の中退を認めることになった。

偏差値依存症をどう断ち切るか

そんな状況の中で共同通信を定年退職する日を二年後に控えた一九九五年十一月のある日、所属長である編集委員室長から呼ばれ、こう言われた。

「来年四月から教育企画を一年続けて出稿したいと考えている。教育、家庭問題を長年、取材し続けてきた横川さんの総決算として一人で一年間、連載に取り組んでもらえないだろうか」

準備期間はわずか四カ月。一人で連載を一年続けることは記者冥利に尽きる話だ。それまで培ってきた取材の人脈を使って、読者が気になり、読みたいと求めている教育ルポを書いてみようと決心し、始めたのが「大切な忘れもの」―自立への助走―である。

読者が学校教育に求めているものは何か。

親の多くは、子どもたちが学校で楽しく学び、それぞれ持ち味を伸ばしてもらいたいと願っている。しかし学年が上がるにつれて、学校の成績が全てではないと頭では分かっていても、わが子が不登校になったらどうしようという不安に駆られ、「勉強しなさい」と追い立ててしまう。

ＯＥＣＤの国際学力調査で、常に上位を占めるフィンランドではテストで競い合わせる競争原理は採用していない。授業も教師の自主性を尊重し、落ちこぼれを出さないように、できない子の教育に力を入れている。

点数で競い合わせて学力を上げるのではなく、創意工夫をこらした授業を教師にさせることで、子どもたちの目は輝いてくるはずである、しかし文科省は、上意下達による教育行政と競争原理による学力向上の方針を変えようとはしない。では日本の親たちはどうしたらよいのだろうか。

そうだ。ここまできたら一人ひとりの親が開き直るしか子どもたちを救う道はない。私の妻が開き直って、「今のままでいいんだよ」「自分で考え、自分で決めなさい」と四人の子どもたちに自己決定をさせた結果、紆余曲折はあるものの、社会に飛び立っていっているではないか。

不登校になっても、いずれはちゃんと生活していくことができる、学校に行かなくても自立して生きている子どもたちがいるんだ、そんな姿を紹介したら、親も子どもを追い立てずにすむのではないだろうか。そう考えた。

元公立小学校の教師だった奥地圭子さんが、自分の長男が小学校三年のときに登校拒否を起こしたことで、不登校の子どもたちの居場所をつくりたいと、教師を辞めて八五年六月に立ち上げたのが「東京シューレ」だった。

一九九五年に東京シューレ十周年を開いたとき、二十代のＯＢたち四十一人が集まって自分たちの体験を語っているのを取材したことを思い出した。

学校に行き直した大学院生、外国の高校や大学に通っている者、学校に行かずアルバイトから正社員になり、課長で三十四万円の給料をもらっている若者がいた。

彼らの生きざまを紹介したら子どもの成績が気になる親たちの内に潜む「偏差値神話」を打ち崩すきっかけになるかもしれない。

そう考えて『大切な忘れものの』の第2章「不登校の軌跡」は、「東京シューレ」のＯＢで、東京のある新聞社の編集局で、編集庶務のアルバイトをしている大山未来君（当時二二歳）のインタビューから始まった。

奇数月で取材をし、偶数月で執筆、連載する。共同通信加盟の地方紙に連載が始まると、読者から電話が鳴り始め、手紙が舞い込んできた。

「私の娘が登校拒否気味で、困っています」「私の町には東京シューレのような居場所がなくて、どうしたらよいのでしょうか」といった相談だった。

子どもを抱えた親たちは、学校の成績を気にして子どもを叱咤激励することが子どもにとってプラスにならないことは頭では分かっている。

しかし学校で繰り返される試験の成績を目にすると、目先のことが気になって、ついつい「勉強しなさい」と口を出してしまう。

「止めたくても止められない」ことがあれば、それは「依存症」だと、精神科医の斎藤学先生は言う。

私は埼玉県浦和市で起きた公立高校の教師が、妻とともに家庭内暴力を振るっていた長男（当時二三歳）を惨殺する事件を追跡取材して『仮面の家』というルポルタージュをまとめ連載をした。今回の「少年たちの未来」①〜⑥の復刻版シリーズに、その『仮面の家』（第4巻）は入っているので、ぜひ読んでいただきたい。

『仮面の家』は、斎藤先生の心理分析を基に、自分の最愛の息子を殺害せねばならなくなった親の心のプロセスを詳細に追跡したものだが、その前に東京・綾瀬で起きた女子高生コンクリート詰め殺人事件を取り上げた「かげろうの家」の取材がきっかけで、私は「依存症」という問題に興味、関心を持つようになった。

斎藤先生は「依存症」は、親から子ども、そして孫へと連鎖していくという。

「その連鎖を自分の世代で断ち切るのが私たちの課題です」という斎藤先生の話を聞いて、子どもの学校の成績が気になり、子どもを叱咤激励する親は「偏差値依存症」だと私は考えるようになった。

その「偏差値依存症」をどうやったら断ち切ることができるのか。

アルコール依存症や覚せい剤などの薬物依存症を断ち切るためには、同じ問題を抱えた人たちが集まって開くミーティングに参加することが有効だと言われている。

アルコール依存症の自助グループ「マック」、薬物依存症の自助グループ「ダルク」は、精神病院に入院したり、刑務所に服役しても回復できない人たちが立ち直っていくので注目され、全国的にネットワークを広げている。

「偏差値依存症」という連鎖を断ち切るためには、同じ問題を抱える人たちが集まってミーティングを開き、参加者が吐き出す悩みに耳を傾けることで、苦しんでいるのは自分一人ではないのだと気付き、癒され、回復への手掛かりをつかんでいく。

だが、そうした親たちの自助グループを立ち上げることは容易ではない。

「偏差値依存症」に苦しむ親たちの自助グループはないのだろうか。

そう考えたときに、「子どもが自立して飛び立とうとするのに、その羽を奪ってしまうのが今の親だ。子どもの自立のためには、まず親が自立しなければならない」と、親たちの自助グループ「賢治の学校」を立ち上げて、全国各地を巡回しながらワークショップを開いている元小学校教師、鳥山敏子さん（当時五四歳）が頭に浮かんできた。

彼女は公立小学校の教師を三十年続け、ブタ一頭を教室で子どもたちと一緒に解体し、ソーセージを作ったりすることで「いのちを考える」というユニークな授業実践を続けてきた。しかし、年々、上からの管理が厳しくなり、そうした授業実践さえできなくなってきた。

「教師の個性、自由、創造性なくして、何が子どもの個性、自由、創造性だ。教師の言論の自由なくして、どうして自由な子どもたちを育てることができるのか」。

創造的な授業が学校で出来なくなった鳥山さんは、定年を前に教師を辞め、親の自立を手助けするためのワークショップを始めた。

宮沢賢治を尊敬する鳥山さんは、そのワークショップを「賢治の学校」と名付け、全国各地を巡回していた。

どんなことが行われ、親たちが何に気が付き、どう自分を変えていくのか。そのワークショップを取材、紹介すれば、子どもの問題で悩んでいる親たちの「福音」になるかもしれない。

第二部は「変わる親たち」というタイトルで、「賢治の学校」のワークショップを紹介することで、親の自立の問題を取り上げた。


子どもの問題で頭を痛め、苦しんでいる親たちがいかに多いことか。

第二部が始まると、読者から手紙がさらに多くなり、ひっきりなしに相談の電話がかかってきた。その中には子どもたちが目を輝かす授業に取り組もうと努力するが、同僚から足を引っ張られ、上司からの管理が厳しくてできないとこぼす教師もいた。

そうした親や教師を現地に尋ねて話を聞くことで、連載は深みを増し、読者との共感の輪が広がっていった。

ワークショップの取材を続けるうちに、鳥山さんに焦点を当てることで、日本の学校教育が時代とともにどのように変わっていったかを描くことができるのではないか。と同時に人間「鳥山敏子」の全てをさらけ出すことで、新聞連載が一つのワークショップの場になるのではないかと考えた。

鳥山さんの離婚した夫は、偶然だが私の高校時代の同級生だったこともあって、私の願いを鳥山さんは受け入れてくれた。

一人の女性が、成長するにつれ自分の内に抱える問題とどうかかわり、処理していくか。彼女の語る壮絶な生きざまが第三部「賢治を生きる」というタイトルで連載された。

隠し事なしに、文字通り自分をさらけ出して生きる鳥山敏子。その母親を娘である長女はどう受け止めていたのだろうか。その長女から話を聞かなくては私の中で鳥山敏子の物語を紡ぐことができなくなった。

長女の雅代さん（当時二七歳）は、ドイツ人と結婚して、ドイツに住み、シュタイナー学校で先生をしていた。

ドイツに飛び、雅代さんに会って、子どもの目に映った母親、鳥山敏子を語ってもらった。

「母は自分の弱みを含めて全部を私にさらけ出してくれたんです。自分をさらけ出さず、世間体を気にする母だったら、私は今でも母に依存して自立できない人間になっていた。私の人生もかわっていたでしょうね」

それが雅代さんの答えだった。

偏差値という単一の尺度で進路を振り分けられる日本の子どもたち。自分がしたいことが何か分からず、親や周囲の期待に応えて有名大学から一流企業へ就職したものの、今度は自分が何をしてよいか分からず苦しみ、もがく良い子たち。私の中では親の自立とともに、こうした良い子の自立も気になっていた。

特に女子中、高生の間でひそかに増える摂食障害。彼女たちの話を聞いてみたら、日本の若い女性たちが抱えている問題に迫れるかもしれない。

名古屋で開かれた「日本嗜癖行動学会」のシンポジウムを取材するため出掛けたら、過食嘔吐体験を大勢の参加者の前で披露している女性と出会った。

冨田香里さん（当時三一歳）。大手レコード会社の海外渉外担当で、年に十数回は海外に飛び、日本でレコードを販売する海外アーティストのスタッフに会って、情報を集め、雑誌のインタビュースケジュールなどを決める仕事をしていた。

「私は現在、食べ吐きの真っ最中で、英国人の夫とは別居中です」

赤裸々に生々しい話をするのにひかれて、名刺を渡したのがきっかけで、それから三年。彼女の人生に付き合うことになった。

取材を続けるうちに夫とは正式に離婚。大手レコード会社も辞めて、アメリカに居を移し、摂食障害から脱出の長い旅が始まった。

その一部始終を彼女は日記に書いて私に送ってくれた。二年間で部厚いノートが八冊にもなった。

親の目の色を絶えず気にして、期待に応えようとする良い子たちの抱える問題を、多くの親たちは全く知らない。これを親たちに知ってもらうことで、子どもに対する親のかかわり方を変えることができるのではないか。

彼女は新聞に連載することを了承してくれた。ただし実名ではなく仮名が条件だった。

第四部「私は私—過食嘔吐からの脱出」で冨田さんは「霧子」の名前で登場する。ところが連載終了後、彼女は自分で自分の脱出記を書いてみたくなり、講談社から『それでも吐き続けた私』という単行本を実名で出した。

「私は私」を読むと分かるが、過食嘔吐の摂食障害を抱えた子どもの親も「偏差値依存症」に陥る親たちとどこか共通点がある。世間体にこだわり、良い親であろうと勤めるため、自分がしたいことを我慢し、ブレーキをかけてしまう。その結果、自分を抑えた反動として、子どもとの境界線が見えなくなり、子どもに依存してしまうようになる。

世間体を気にせず、良い親、良い子でありたいという呪縛を断ち切り、「私は私」と開き直ったとき、自分らしく生きることができるのだ。

ドイツで雅代さんの話を聞いているうちに、私の好奇心がシュタイナー教育に注がれていく。シュタイナー教育は、オーストリアの思想家、ルドルフ・シュタイナーによって一九一九年（大正八年）、ドイツのタバコ工場で働く従業員の子弟教育のために始まり、今では世界各地に広がり、行き詰まった現代の学校とは違った教育をしていることで知られている。

日本では文学者、子安美智子さんが一九七〇年代に家族で西ドイツに住み、娘さんをシュタイナー学校に通わせた体験を『ミュンヘンの小学生』という本にまとめ、話題となった。

私は雅代さんからシュタイナー教育について話を聞くうちに、点数での評価はせず、子どもの発達段階に合わせたペースで授業を進めていくシュタイナー教育に引き込まれていく（シュタイナー教育に関しては第6巻に）。

中でも人間は七年を一つのステップ、節目として成長していく。その七年間に子どもが求め、必要としているものを与えていくと、次のステップに進んでいくことができるというユニークな成長、発達論を展開している。

たとえばチョウの幼虫が、えさを食べて成長し、立派なさなぎになった後に、脱皮をしてチョウになるように、子どもも発達段階ごとに内面の変容を遂げることで次のステップに進んでいく。〇歳から七歳までは、模倣と想像力がはたらく時期で、子どもは何でも親の真似をすることで学んでいく。また想像力が一番活発になる時期で、サンタクロースがエントツから入って来て、プレゼントを配っていくという話を子どもは想像力をはたらかせて、自分の頭の中で思いめぐらせることができる。ところが、この時期を過ぎると、子どもは「サンタクロースは大人のつくり話だ」と受け止めてしまう。

だから、親はこの〇歳から十歳までの時期に、大いに真似をさせ、想像力をはぐくむように童話や昔話などを読み聞かせることが大切だとシュタイナー教育は説く。

七歳から十四歳までは、感情、五感が発達する時期だ。この時期にテレビなどを通じてではなく、自然の草花、動物などに直接触れ、体験したり、美しい絵を見たり、きれいな音楽に接することで、五感を培う。

十四歳から二十一歳までは、その豊かな感情、五感の発達によって、この時期には知的な好奇心が芽生え、思考力が深まっていく。

七年というステップ、ステップで、そのときに子どもが求める、必要なことを獲得しないと、次の七年のステップに入っても、子どもが受け入れる下地がないから次に進んで行けないというのである。

この話を聞いたときに、私は日本の学校では、このステップをきちんと踏む教育をしていないから、成長するにつれて、学ぶことに無関心な若者たちが増えているのではないかと考えた。

七歳から十四歳で、五感を発達させなければいけない時期に、塾に通って雑多な知識を詰め込む。その結果、感情や五感が育っていないために、高校生や大学生になっても知的好奇心が沸き出さず、思考力も深まらないのではないだろうか。

雅代さんに紹介してもらい、私自身が南ドイツにあるシュタイナー学校四年B組の生徒になって、受けた授業をそのままルポルタージュでまとめたのが本シリーズ⑥1章の「シュタイナー学校4年B組」である。

一つの問題を深く考えさせる授業とは、こういうものかと実感させられるとともに、点数ではなく、文章で子どもを評価している通信簿も見せてもらい、子どもたちの一挙手一投足を実によく観察している教師の目の鋭さに驚かされた。

子どもを国家の発展に必要な人材ととらえる文科省の子ども観とは本質的に異なるシュタイナー教育について、日本の新聞が本格的に取り上げたのは恐らく私の連載が初めてだろう。

そのルポを広島の『中国新聞』で読んだ読者の一人に広島大学教育学部でシュタイナーの研究をしていた広瀬俊雄教授がいた。

彼から「私たち一家はオーストリアのシュタイナー学校に子ども二人を通わせた体験がありま す。ぜひその体験をお話ししたいと思います」というFAXが中国新聞に寄せられ、共同通信に転送されてきた。

電話で話を聞いてみると、広瀬宅では父親は二人の子どもにもシュタイナー教育を採り入れようとするが、母親は「シュタイナー教育は理想で、現実は甘くない」と抵抗していた。

ところが一家四人がオーストリアに一年滞在して、子どもをシュタイナー学校に通わせているうち、広瀬夫人もシュタイナー教育の良さを知り、『親子で学んだウィーン・シュタイナー学校』（ミネルヴァ書房刊）という本を書いたら、講演などに引っ張り出されている、という。

ウィーンのシュタイナー学校では七年生（中学二年）だった長女は大学一年生、小学四年だった長男は県立高校一年生。読者からは「なぜ日本ではシュタイナー教育ができないのか」「シュタイナー教育を受けた子どもたちはどうなっているのか」といった投書が寄せられてくる。シュタイナー教育を体験した広瀬一家を取材したら、そうした読者の疑問にも応えられるのではないか。

本シリーズ⑥2章「なぜシュタイナーなのか」、3章「広瀬家のシュタイナー教育」は、こんな経過をへて連載することになった。

広瀬教授によると、日本でも昭和の初期にシュタイナーの教育理論にひかれた教育学者がいた、という。

にもかかわらず日本の学校教育にシュタイナー教育が根付かなかったのはなぜか。広瀬教授は、こう語る。

「それは国が決めた教育課程・内容に合わないからです。シュタイナー教育は、興味、意欲、能力の育成に力を入れ、知識を詰め込まない。日本は近代化を急ぐあまり、学校を富国強兵、殖産興業のための要員をつくる手段としてしまった。そのため子どもの本質とか、発達段階とかに関係なく、一定の知識を持った人間を効率的につくりだそうとした。その結果、子どもは〝国家の道具〟になってしまったんです」

一年にわたって連載を続けた「大切な忘れもの」は、子どもの発達段階に沿った教育の在り方を問題提起する形で終了した。

「大切な忘れもの」の連載が終了したのが一九九七年三月。その年の八月に定年退職して間もないある日、再び、編集委員室長から呼ばれた。

今度は毎週日曜日に掲載する日曜版に再び、教育問題を連載してもらいたい、というのだ。「大切な忘れもの」が好評で、読者からの反響が大きく、続けてもらいたいとの声が地方紙からも寄せられているという。

今度は毎週一回、日曜版の一ページをカラー写真入りで連載するので、専属のカメラマンと一緒に取材してほしいとの注文である。

「大切な忘れもの」では、シュタイナー教育の連載が好評だったこともあり、とっさに私の頭に浮かんだのは、東京・三鷹で十数年前からフリースクールの形でひそかにシュタイナー教育を実践し続けてきた「東京シュタイナーシューレ」の存在だった。

正式な認可も受けていないため、行政当局から学校教育法違反で告発されては大変と、小学一年生から六年生まで七十人近くの児童が学んでいるが、マスコミの取材も頑強に拒否し続けてきた。

だが日本の学校教育状況も、登校拒否の児童生徒が激増して、文科省はその対応に頭を痛めていた。

結局、苦肉の策として文科省は、初等中等局長通知を出して、登校拒否児童生徒が学校外の施設で指導を受けている場合、校長は指導要録上は出席扱い出来るという方針を出したのだ。

その結果、シュタイナー学校で学んだ子どもたちの卒業証書は、籍が置いてある公立学校から校長判断でだしてもらえることになったのである。

「東京シュタイナーシューレ」が出す卒業証書を認めず、通ってもいない学校が卒業証書を出すという発想そのものがおかしい。

という事情もあって東京シュタイナーシューレに取材を申し入れたら、職員会議と父母会議で検討の末、オーケーの返事が来たのである。

早速、写真部のカメラマンとともに取材に出掛けた。一九九七年の秋だった。

二階建ての木造校舎は、食品会社の元従業員寮で、見るからに古びた建物だった。カメラマンが言った。

「横川さん。これは写真になりません。日曜版で、写真は大きく扱うでしょう。しかもカラーで載せるのに、こんなおんぼろの建物の写真を出したら、加盟社は使いませんよ」

これには参った。どうしたらよいのだろう。思案に暮れているとカメラマンが言う。

「外国にしましょうよ。しかも連載開始は四月、これからヨーロッパは冬になるので冬の写真はダメ。南半球はこれから夏ですよ。オーストラリアにシュタイナー学校はないですか。一回目は、きれいな外国の写真でいきましょうよ」

それから四方八方手を尽くして調べたら、オーストラリアのブリスベーン空港から車で三時間南下した所にある人口六千人の小さな町「バイロンベイ」に、「ケープバイロン・ルドルフ・シュタイナー学校」があった。

しかも偶然なことに、「東京シュタイナーシューレ」で小学一年から四年まで学んでいた作間真彩さん（当時一七歳）が一〇年生（高校一年）で在籍していることが分かった。

母親のゆみこさん（当時五〇歳）は、児童書の編集では第一人者で、玉川大学で翻訳児童文学を教えている。

連絡を取ったら、「私も一緒に行きたい」とのこと。

そんなわけで、九八年四月から日曜版で始まった連載は、オーストラリアにあるシュタイナー学校のルポで始まった。

タイトルは「もうひとつの道」とした。

日本のような互いに競争をさせて学力向上を図る学校教育が全てではない。世界には点数とは無縁の別な、もうひとつの学校、道があるんだという視点に立って、さまざまな「もうひとつの道」を紹介する意図を込めた。

今回の復刻版では、『大切な忘れもの』と『もうひとつの道』の二つに収録されているシュタイナー教育を一冊にまとめて出すことにした。

シュタイナー教育の後は、何を取り上げたらよいのだろうか。

九七年五月には神戸で中学三年生による連続児童殺傷事件、いわゆる酒鬼薔薇事件が起きた。栃木では女性教師がナイフで中学生に刺殺されるなど、中学生による凶悪事件が相次いだ。

そんなときに、「教育ってなんだ」「父よ母よ!」のデスクだった斎藤茂男さんと久しぶりに会って、話をした。

「今、お前、何をやっているんだ」という問いかけに、これまでの経過を説明したら、「大阪の熊取町にアトム共同保育所という無認可保育所がある。その所長代理の市原悟子さんの実践がおもしろいよ。今は子育てより親育ての時代で、親と子どもにまるごとかかわらないと、子どもは育たないと頑張っているんだ」

「アトム共同保育所」は、京都大学原子力研究所の職員住宅だった四階建の一、二階にある2DKの部屋を間借りしていた。

取材してみると、さまざまな子どもたちが起こす事件や、いじめ、登校拒否、学級崩壊といった問題も、突き詰めていくと人間関係の取り結びという問題に凝縮されていく。

幼児期から人間は、遊びやケンカを繰り返す中で、異質な人間とぶつかり、自分と相手の間の距離感を知り、生きる力を学んでいく。

ところが過酷な受験勉強など、さまざまな要因が重なって、今は子どもでさえも、失敗やぶつかり合うことを避ける時代になってしまった。

アトム共同保育所は、そうした問題意識を持って、子どもたちが互いにぶつかり合うなかで人間関係を取り結ぶ力をはぐくんでいく、親にも胸の内を吐き出してもらい、保育士も親も子どもも共に学び、成長し合う取り組みを実践しているのだった。

アトム共同保育所を取材して、私自身の発想も変えさせられた。

それまで『かげろうの家』『仮面の家』など、少年事件を追跡取材してきたが、事件を起こす少年が抱える問題を掘り起こすことで、さまざまな教訓を得られる、それを読者と分かち合いたいと考えていた。

その発想の背後には、掘り起こした情報を共有することで、こういう事件の再発防止に役立つのではないかという思いがあった。

しかしアトム共同保育所では、子どもたちが問題を起こすことで、それをきっかけに互いの違いを確認し、人間関係を深めていく糧にしていく。逆に問題を起こさないようにという発想に囚われると、子どもを見る目が厳しく、管理的になったりし、人間の行動も消極的にならざるを得ない。

逆に問題を起こす、問題があることが、成長・発達にプラスになるという心構えでいると、何が起きても驚かなくなり、積極的に取り組むことで人間的に成長できるのではないか、と考えるようになった。

私のなかで意識改革が進んだことで、私の興味、関心も更新し、それまで無関心だった精神障害を持った人たちの共同体にも目が向くようになった。

そして浮かび上がってきたのが北海道・浦河にある「べてるの家」の取り組みだ。

「べてるの家」は、浦河日赤病院の精神神経科にかかり、入院して退院したけれど就職できなかったり、家族から排除されたりして、生活できる場所がない、そういう人たちの居場所が必要だと、ソーシャルワーカーの向谷地生良さんが、昆布の袋詰め作業などをしながら自給自足して生活できる共同体を立ち上げたのである。

実は鳥山敏子さんのワークショップを取材しているとき、彼女の実践をカメラで追っていた映画監督、四宮一男さんと私は出会った。

四宮さんは「べてるの家」の実践も映画に撮り続けていて、「ベリーオーディナリーピープル」（とても普通の人びと）というタイトルで、その予告編を八巻つくっていた。彼は私に「暇なときに見てくださいよ」と、その第一巻を後日、送ってくれた。

第一巻は「べてるの家」の人たち二十数人の人たちが集まり、四宮さんら映像チームを歓迎する食事会で、一人ひとり自己紹介する場面を撮ったものだった。「私は分裂病の○○です」と実名を名乗って、自己紹介が進んでいく。

中でも圧巻は、山崎薫さん（当時三二歳）だった。

「今、妊娠八カ月です。病院抜け出して、お祭りの日にはらんじゃって。こういう場があったから、精神病患者で、生活保護でも産めるわけで、嬉しかったですね。先生も、内密に家族と話しておろす相談などいっさいしなかったし、本人の意思を尊重してくれたことはありがたかったです」

山崎さんのユーモアたっぷりの赤裸々な自己紹介に、参加者も爆笑の連続である。この映像を見た当時、私はおもしろい事をやっている人たちがいるんだなと思ったものの、取材してみようとまでは思わなかった。

ところがアトム共同保育所を取材し、問題があるほうが人間らしく生きられるという発想の転換が起きたことで、「もうひとつの道」の絶好の取材対象になることに気がついたのである。

これは自分でも不思議なことだと思う。同じ事象に対して興味、関心を持つかどうかは、そのときの自分の視点、発想が大きく影響することに気がついたのである。

「べてるの家」は、私のそれまでの発想、物の見方を大きく変えさせた。文科省の競争原理や偏差値による選別を批判してきた私である。

だが取材を通じて、弱い人、問題を抱えている人たちを効率が上がらない、役立たないからと選別、排除することで、健常者と言われる私たちのほうが、逆に窮地に立たされ、追い詰められていることに気付かされたのである。

それは学校教育も同じである。

「もうひとつの道」の最後に取り上げたのは、静岡にある知的障害を持った人たちと生活を共にする共同体「ラルシュ・かなの家」だ。

代表の佐藤仁彦さん（当時五三歳）の語る言葉が、私の胸に深く突き刺さってきた。

「私は彼らに能力があるとは思っていなかった。だから、してやるという態度だった。ところが彼らは人間性を豊かに持っていて、だれが苦しんでいるか、心を読み取り、人とのつながりを大事にする力がある。精神障害者の方がときどき来ますが、彼らは走って近づいていく。そんな姿を見て、私は自分が『この人は役立つか、どのくらい仕事ができるか』といった目でしか見てこなかった。『人間の目』を自分の中に育てていなかったことに気付かされました」

私の子ども四人が無事に社会に飛び立っていけたのも、私の妻に「人間の目」があったからだと今回、改めて実感させられたことを記しておく。

第2章　不登校の軌跡

新学期が始まった。新入生の目が輝いている。だが、その輝きが消え失《う》せやしまいかと心配する親は多い。いつからだろうか。学校が登校拒否や中退、そしていじめによる自殺が絶えない場になってしまったのは。そうしたなかで学校に行かなくても自立している子どもたちも増えている。

彼らに共通しているのは、親たちがさまざまな試練を経て「学校に行かなくてもいいよ」と言えるようになり、やがて「わが子のありのままの存在を受け入れる」境地に達していることだ。そうした子どもと親たちの軌跡をたどることで、効率、能率を重視してきた学校や私たちの社会が忘れてきた「大切なものは何か」を、じっくり考えてみたいと思う。

いじめで死んでほしくない

東京のある新聞社。編集局で、編集庶務のアルバイトをしている大山未来《みらい》君（二二歳）は、十年前は不登校児だった。学校には中学一年の五月から行っていない。将来の夢はフリーカメラマンになることだ。

「ぼくが最初にバイトで出社した日が阪神大震災だったんですよ。社に入ったら殺気だっていて、二版、三版と夕刊では死者の数が増えていく。地下鉄サリン事件のときもすごかったですね」

大山君がぜんそくの発作、いじめなどが重なって学校に行けなくなりはじめたのは小学三年の二学期だった。

「下履きが一月に四度も隠されたり、給食のなかに鉛筆が入っていたり。友だちがいなかったから完全に無視されていて、いま思えば、いじめられていたんですね。しかし当時は、学校に行くのが当然という価値観のなかで『なんでおれは学校に行けないんだ。おれは駄目だ』と思ってしまって、自分自身の全存在を否定して苦しかったんです」

不登校の子どもたちの多くが、人の視線を気にし、家に閉じこもるのは、学校に行けないという罪悪感のためだ。この事実に気づいていない親や教師は意外に多い。

「ぼくも自殺願望が強かった。つまらなかったら生きていてもしょうがない。生きていても地獄、死んでも地獄だったら同じじゃないですか」

マンション六階の自宅のベランダに立って、手すりから下を見て、ふと飛び降りてみたい心境になったのは小学三年のときから数えきれないほどある。不登校時代に付きあっていた仲間がビルの屋上から飛び降りて死んだ。

「彼は『死のう、死のう』と思って何度もビルの屋上に行ったけど、飛び降りられなかったという話をしてくれて……。それから抜けられなかったんです。ぼくは、そういう点ではドライなんです。だからいまも生きているんで、死ぬくらいだったら何でもできるじゃないですか」

湾岸戦争のとき非政府組織（ＮＧＯ）の一員で中東へ。特技がなく自分だけが何もできなかった。無力感に苦しみ帰国後三年間、写真学校に通った。フリースクール「たまり場」で、集中して撮ったのが不登校児の姿だ。

「不登校で死なれるのは悲しくていやなんです。だから死んでほしくないというメッセージをぼくは、この写真で伝えたいんです」

その写真を見せてもらった。訴えるものがあった。

パンクの男が命の恩人に

未来君の母親、洋子さん（四八歳）は、不登校児になりはじめた小学校三年当時をふり返る。

「いちばん最初に何を心配したかというと、社会に適応していけるのか、将来、生活していけるのかだったんです。六年生までは『行け、行け』って私もやってましたが、縁あって登校拒否の精神科医、渡辺位《たかし》先生のところに行ったら『なんで、そのままじゃ愛せないんだ』って言われて。ハッとして『あっそうか、人間はこのままでいいんだ』と……」

とは言うものの学校に行かず、昼間は家のなかでゴロゴロして半病人の状態、人の目を気にして外に出られない息子の姿を見ると、イライラして、文句の一つも言いたくなる日々が二年、三年と続いた。

本格的に不登校となった中学一年の五月から一年くらいたっただろうか。突然、パンクロック姿の男の子が未来君を訪ねてきた。

「息子には『付きあうな』と言いたくなる感じの男の子で……。髪を染めて、じょろっとした長いコートを着て、失明している片目を髪で隠し、コートを脱げば、ガーゼのボロボロのTシャツでしょ。家のなかに入っても手袋はめて、ご飯食べるときも外さない。異様ですよ。最初は夜に来て、朝になると帰っていく。うちは狭いから三日、四日続くと私も寝不足になって。結局、親が我慢できる範囲で、と話しあったんです」

未来君より四歳上で十八歳の彼は、深夜、未来君がファミコンソフトを借りに出かけたレンタルショップで知りあったことがあとで分かった。

「子どもが連れてくるものは猫でも何でも受け入れようと思ってましたからね。その子は、母親とうまくいかず登校拒否から激しい家庭内暴力になり病院に入院した子だったんです。だけど、その子と出会えたことで、私は何がなんでも自分の子は自分で守るんだという気概を持てたんです。その子みたいに、こじらせて苦しめたくないと」

母親は定時制高校に通いながら十五歳から働いていた。

長男が登校拒否のときは印刷会社に勤め、自宅で原稿のワープロ入力をしていた。

「私が十九歳のとき母が倒れて、母代わりの姉が過干渉になって、私と彼氏の問題まで踏みこんできた。それで心の痛みというか、自分が自分でなくなってしまう体験をしたので、最初は子どもに大学まで行ってほしいと思ってましたが、渡辺先生の話を聞き『学校へ行かなくていい』という切り替えができたんです」

中卒の父親（四八歳）は、ベルトの職人に見切りをつけて、牛乳配達、ミシンのセールスマン、運転手をやり、現在は鉄鋼業関係の営業マン。

「主人は私に『ほんとうに学校へ行かなくて大丈夫か』と聞いてきましたが、私は『もし、このやり方でやって、子どもが野垂れ死にしたら、私も野垂れ死にする』と答えたら『そうか』と言って納得してくれたみたいです」

いったん、こうだと腹を決めたら、父親は未来君の側に立って協力しはじめた。

「外から家に友だちが来たのは初めてだと、パンクのお兄ちゃんが来れば主人が相手して酒盛りですよ。酒代も使いましたし、スナックにも連れていったんです。その子は、家庭的雰囲気を求めて主人を目当てに来るようなもんで、就職まで世話したんです」

親にとって頭の痛い存在だったパンクの子は、不登校をしていた未来君にとっては「命の恩人」だ。

「当時のぼくは昼間は、他人の厳しい視線がいやで外出できず、家でファミコンばかりして、目は悪くなるし……。夜にレンタルショップに行って、そこでパンクの人に出会ったんです。昼間は外出できないと言ったら『ぼくも登校拒否だったんだよ』と。それで付きあうようになったんです」

ある日、パンクの男は「昼間はいやだ」と渋る未来君を外に無理やり引っ張りだした。

「最初は、昼間、外出すると下痢するんです。駅とか公衆便所に駆けこみましたよ。人の視線にビクッとすると『何やってんだ、お前は』という感じで、何度も何度も連れだされているうち慣れちゃって。感謝してます。あの人と出会ってなかったら、いまでも外に出られなかった、出会いは財産だと思います」

後楽園でスケートしたり、秋葉原に行ったり、地元のスナックで月に一回は飲んだ。

「お金がないからボトルを頼んで、お通しだけで飲み明かす。ぼくは当時十四歳。『あら、坊やかわいいわね』と、ホステスに頭をなでられたり、その人とつるんでるのが楽しかった。でも一年ほどで彼はレモンエンジェルというアイドルの追っかけに転んで、ぼくは暇になったんです」

当時は、いまのように中学校はこういう子に卒業証書を出さなかった。そのため渡辺先生のいた千葉県市川市の国府台《こうのだい》病院の院内学級に籍だけ置いて卒業証書をもらった。外出する自信がつくにつれて未来君の行動範囲は広がっていく。遊びのお金欲しさに地域のミニコミ紙を配達したり、倉庫番、美術雑誌の編集雑務……とバイトに精を出す。

母親が入った「登校拒否を考える会」の合宿にも顔を出し、不登校・登校拒否の子どもたちのたまり場「東京シューレ」や、他のフリースクールの仲間たちとも出会う。

「それで『子どもの人権を考える会』にも行くようになり、人権や動物の権利、非暴力の問題に興味がわいてきて、気がついたらスタッフの一人になっていたんです」

不登校の子どもたちは、学校で管理されていないだけ、自分の興味、関心が出てくると、それに没頭していく。未来君も、次第にＮＧＯの活動にのめりこんでいく。

「非暴力という考え方と、そこに集まる人たちがぼくは好きだったんですね。三十四歳で有機野菜の八百屋で働いている人の話を聞いたり……。非暴力トレーニングではデモ隊と警察に分かれてロールプレイをしたり、人の出会いでぼくは勉強したんです」

湾岸戦争のときには、NGOの一員として中東に行った。ヨルダンに滞在中、他の環境グループから「ペルシャ湾に行く人間がもう一人欲しい」と誘われ、環境問題にも関心があったので、オイルボールを見にペルシャ湾に行った。

「みんな一生懸命働いているのに、特技のないぼくは何もできない。ほんとうに無力感に陥った。自分に何ができるんだ、写真を撮るのが好きだから、せめてヘドロのオイルボールの写真を……。出来上がったのを見たら、ひどい出来で、単なる観光写真でしょ。それでまた落ちこんで、現代写真研究所に三年通うことにしました。去年卒業して、次の撮影旅行のため、いま、バイトで金ためてるんです」

同世代とは違う人生

未来君と話をしていると、以前、不登校をしていたとは想像できない。行動力に富み、自分を見つめ悩み苦しんだ分、話の内容にも深みがある。

「カメラマンになる動機は不純なんです。いろいろなところに行きたい、それにはカメラマンしかないと……。やっているうちおもしろくなってきた。湾岸戦争で中東に行ったときは、やるだけやって地雷を踏んで死んでもいいと思いました。学校へ行ってる連中とは同じ土俵で勝負できないから、技術を磨くしかない。フリーのカメラマンの道は厳しいけど、同世代とは違う変化に富んだ人生だと思ってます」

カメラマンの実態を調べるため、商業写真スタジオでアシスタントのアルバイトを一年やった。「そこは車の写真が多かったけれど、これはぼくのやりたい写真ではない、商業写真ならサラリーマンやっても同じだ。ぼくの興味はドキュメンタリー写真だとわかったんです。現代写真研究所は土門拳《どもんけん》の流れをくむリアリズム写真で、三年かかって、やっと見られる写真が撮れるようになった感じなんです」

未来君は十八歳以上なら学歴なく入学できる放送大学を受講し、英会話はラジオや塾で学んでいる。これもさまざまな体験をした結果、勉強したいと思ったからだという。

「中東に行って、英語だけは勉強しておけばよかったと……。後悔したら、それをバネに勉強すればいいんです。学校に行かない連中は心理学に興味を持つ人が多いらしく、ぼくも放送大学では心理学、中東の歴史、英語をとって単位認定試験にも合格しました」

自分のなかから興味、関心がわいてくると、集中して取り組むことができ、その範囲も次第に広がっていく。

「いまの学校のシステムはあまりにも画一的で、現実的でない。ロボット工場、養鶏場と言われてますが、その通りだと思います。英語も使いものにならないし、勉強も楽しくない。放送大学は、どんなものかと思ってやってみたんですが、おもしろいですよ」

一九九五年六月、父親から「お前、アルバイトでも、いい給料もらっているから出ていけ」と言われて、アパートを借り、両親とは別居生活を始めた。駅から自転車で二十分、家賃四万円の安アパートだ。しかし週に二、三回は食事をしに実家に戻る。

「父とはよく話すんです。父は『学校へ行かなくていいから、その代わり感性、気力だけは大事にしろ。感性がなければ何を勉強しても無駄だ』と。疑問を抱くのも感性だし、感性がないと感動がないし、生きていたってしょうがないと思ってます」

感性が研ぎ澄まされ、アンテナが敏感だからこそ、ＮＧＯや環境問題に関心を持てたのだろう。いま、未来君が気になるのは、大学や短大に通っている同世代のことだ。

「彼らと話をしているとぼくの興味、関心が彼らとは違う。彼らは遊びたい、酒を飲んで、セックスして……。それはぼくがパンクの人と一緒に体験して、卒業したことなんです。ぼくは全部の力を遊びに費やすほど時間はない。やりたいことがたくさんあるんです」

手帳を見せてもらった。アルバイトのほかに、裁判の傍聴、フリージャーナリスト集団での作業、「たまり場」フェスティバルの撮影と、スケジュールは、ぎっしり詰まっていた。

人の視線も気にならず

東京・品川区の駅前商店街の一角に、マスターと奥さん、それに三人の従業員が働く小さな理髪店がある。一九九五年秋から研修生として働く佐藤奈央《なお》さん（一七歳）は、小学五年から学校に行っていない。

「小学校一年の二学期から行ったり、休んだり。今日の給食は何が出るから行こうとか、自分の好きな授業をチョイスしてきたんです。だから私には学校に行ってないという罪悪感もないし、閉じこもったりもしてないんです」

不登校する子の多くは、罪悪感から人の視線が気になり、閉じこもったりするのに、なぜなのだろうか。

奈央さんは、小学五年ころから週三日は、手づくりの遊びに力を入れる〝遊び塾〟に通い、障害児の仲間とも遊んだ。主宰者は当時、小学校の障がい児学級の教師で、奈央さんも気に入っていた。六年の一年間は、ほとんど毎日通って先生の手伝いをした。

中学は自宅のすぐ前にあった。両親は学区外の中学に籍を移してくれたが、二回行ったきりだ。中学の二年間は、東京シューレに通いつづけた。

「東京シューレでも授業に出たの最初の二カ月だけ。中一の終わりには奄美大島に行ったり、不登校の子が貨車に閉じこめられて死んだ風の子学園事件でも瀬戸内海に三、四回行って、広島のフリースクールの子たちと集会の準備をして、勉強はしてません」

そんな奈央さんだが、中三に当たる十五歳の春に東京シューレをやめた。週二回の英会話の塾、週一日は自然食のパン屋さんで手伝いをしているうち、理容の専門学校に行ってみたくなった。

「私、小さいときから髪をいじるのが好きで、ポニーテールにしている人がいれば、ほかの髪形にしてあげたくなる。仲間が高校に進学していくのを見て、私は何をしたいんだと考えたら、理容のほうに進みたいと思ったんです」

都立理容学校に入るには一般常識と国語、数学、理科、社会の試験がある。

「勉強がすっごい苦手で。でもどうしても入りたかったから自分で中学程度の問題集買ってきて、数学は公式がわからないと駄目だから、夏休みのあいだ、少しずつ母親に聞いて……。やる気になって頑張ったのは一週間前ぐらいからかな。それで受かったんです」

小学校時代に学校で習ったのは掛け算や割り算程度。分数は東京シューレで、あとは教育テレビを見たりしただけ。それでもやる気さえあれば、なんとかなるというのを奈央さんが実証した感じだ。

「専門学校で習うことは、すべてが初めて。電動バリカンの構造とか物理、化学もある。薬品名とか化学記号は、全然わからない。すぐに先生に聞きにいくと『よくきたね』と、先生も覚えてくれるじゃないですか。中学には卒業前と学割をもらいに二回行っただけなのに、専門学校は皆勤賞だったんですよ」

一九九五年の十月に無事卒業した。一カ月後に理容の国家試験があった。科目は公衆衛生学、皮膚科学、衛生法規など九科目だが、これも合格した。

「いま、普通の子だったら親からお小遣いもらって、好きなことしてっていう女子高生じゃないですか。私は朝八時から夜八時まで働いて、そのあとは十時まで練習。なんでと言われるんですが、自分がやりたくて選んだんで、もうおもしろくて、おもしろくて……」

姉も妹も不登校

理容研修生の奈央さんが、閉じこもったりしなかったのには訳がある。

「お姉ちゃんのおかげじゃないかな。私は三人姉妹の真んなか。お姉ちゃんと、妹も学校に行ってないんです。だから私の家では学校に行く行かないは自然に選べたんです。だけど、お姉ちゃんのときは、たいへんでした」

その姉は二十一歳、私立美術短大通信制の一年。妹は十歳。幼稚園で不登校と同じ状態になり、小学校は二週間しか行かず、いまはバレエ教室に通っている。

三人の子どもが三人とも学校に行かないことを受容している親にぜひ会って、その体験を聞いてみたいと思った。

私の前に現れた母親、明子さん（四三歳）は、予想に反して実に生き生きした表情。みずからの体験を語ってくれた。

「最初は長女が九歳、四年生のときに微熱を出して休みはじめたんです。小児科に行ったりしたけど『精神的なストレスだろう。様子を見ましょう』と言われて……。担任の先生がよくわかった方で『お母さん、学校を軽く見なさい』と言われたんですが、当時の私は、『軽く』の意味がわからなくて、弱いからこそ学校で鍛えてもらわなきゃ、世の中に出てどうするのと……。一般的な親だったんです」

熱が下がると「今日は行きなさい」と、玄関から外に出し、戻ってこないように家中にカギをかけた。学校に行かず、家の外でじっと立っていたことも何度かあった。

「そんな姿を見て『しょうがない』という感じだったんですが、奈央が一年に入学したら、小学五年の長女は奈央を連れて学校に行きだしたんです。弱さを乗り越えたのだと思っていたんですが、長女に聞くと、当時の記憶がない。『私は四年からずっと休んでいる』と言うんです。体は学校に行ってたけれど、精神は閉じていたんですね」

五年に担任が代わった。姉は友だちとの関係がうまくいかず、六年で再び休みはじめた。

「まだわからない親だったので、『休みます』と言ったほうがいいと、私は長女を連れて担任に会ったんです。そしたら『そんなことでどうするんです。このまま中学に行ったらどうなるんです！』って。長女がグウッと硬くなって、私も硬直して、子どもの痛みが実感できたというか、ほんとうに学校は行かせなくていいと思ったんです」

その日から姉は幻聴に悩まされる。「佐藤さんが、佐藤さんが」という声が聞こえると言って夜中にうなされた。

「精神科に行ったら『特別なことではない。不安を解除するためだから、治まりますよ』と言われ、その通り幻聴は二、三カ月で治まったんです。だけど学校の前を通ると頭が痛くなると訴えて……」

明子さんが教育委員会のなかにある教育相談所に行くと「家族としての絆《きずな》をしっかりしなさい」「その子の存在価値を明確にし、仕事をさせたほうがいい」と言われた。

家事の役割分担を決めたり、夜、奈央さんと一緒に駅までマラソンをさせたりしたが、効果はなかった。

「当時の私は、ありのままの子どもを受け入れようというのではなく、なんとか失った自信を回復させてやりたい、そうすれば苦しまなくてすむと思っていたんです。つまり、子どもをまるごと受け止めてなかったんです」

長女の痛み感じとる

顔色を変えて奈央さんの姉を怒鳴った教師の姿を見て明子さんは、初めて子どもの痛みを感じとることができた。

「ほんとうに『学校へ行かなくていい』と思ったんです。その時点から長女は私と話ができるようになった。考えてみれば、子どもが何かを訴えてきても『あんたもたいへんだろうけど、頑張りなさい』と。子どもが悩んだり、思っていることを吐きださせない状態を私自身がつくっていたんです」

奈央さんの姉は小学一年からの気持ちを母親に語りはじめた。一年のとき、自由勉強の時間があった。だが自由勉強も評価の対象で、先生は自由勉強をするとシールを一枚出した。

「長女は『自由勉強を評価するのはおかしい』と、本を読んだのに報告しないで帰ろうとしたら『シールよ』と先生が呼び止めた。それから長女は自由勉強ではいっさい出すのをやめたというんです。小学一年のときから抵抗していたことがわかったんです」

本を読むのが好きな姉は休み時間も友だちと遊ばず本に熱中した。クラスで浮いている自分が気になり、不安に陥った。二年のときだ。

「いても立ってもいられない状態になり、手の甲をつねって、痛みで不安を抑えていたと……。その話を聞いたとき、何も気づかなかった私は、なんてばかな親だろうと……」

五年の新担任は「みんなで元気に遊ぼうよ」という方針で、休み時間に遊ばない子をチェックした。「授業では手を挙げましょう」と、これまたチェック。要領のよい子は、素早く実行してポイントを挙げていく。それができない姉は、ますます自信を失っていったと母親に告白した。

「先生は自分のやりたいように競争をさせ評価しながら、クラスを運営していく。ついていける子はいいですが、逆に落ちこむ子もいる。それを知らずに、私は『駄目な子』と位置づけてきたんです」

私立中学に入学したが、不登校、昼夜逆転の生活を続け、卒業証書だけはもらった。

東京シューレに一年通い、通信制の高校へ。一年後に大学検定試験に合格。油絵をかくのが好きで、将来は美術関係の仕事がしたいと、私立美術短大通信制に進学した。

「おもしろいんです。近く登校できなかった母校の中学で教職課程の教育実習をするんです。昼間は表に出られなかった子がいまは週に一度、児童館で絵のかき方を教えたり、保育園の先生のアルバイトも……。この子は社会に出られないと思っていたのに、それが過剰な心配だったんです」

奈央さんの姉は、絵をかくにしても五時間も絵の前に座って筆を握っている。ところが奈央さんは、じっとしているのが苦手で机に座って勉強したことがない。

「長女の融通のなさが、いまは長所になっている。奈央だって、あんなに勉強の嫌いだった子が、理容専門学校をやり通した。それを見抜けない私がおかしかったんです」

長女の不登校で学んだ母親は、「不登校を考える会」を地域で結成した。

「妹のほうは幼稚園でぐずりだして……。登園したけど門を入れないで帰り道『幼稚園なんて、どうせ親が入れるのさ』と。四歳で、こんなに自分のものを持っている。教えられましたね」

ところが父親は違った。

みんな行くのになぜ

奈央さんの父親、和則さん（四五歳）は、最後の団塊《だんかい》の世代。学生時代に七〇年闘争を体験した。「最初、学校へ行かないのは『怠けてる』という感じがあって、『無理しても、引っ張ってでも連れていけ』と、女房に言ったと思うんです」

長女が不登校のとき、通信機器販売会社の営業マン。毎日、朝七時四十分に出かけ、午前零時に帰宅。家事、育児はすべて妻任せにしてきた。

「大学三年のとき、ロックアウトでガードマンとバチバチやったりして……。私は心情三派で、ものの本質を見つめなおそうという時期もあったんですが、挫折した全共闘世代が社会に出ると、『行け行けドンドン』的な存在になって。私自身、競争と効率のなかに身を置くほうが自然になってきたんです」

私大を卒業、家業を手伝ったあと、オーディオ会社を経て通信機器販売会社に転職、営業、販売の鬼になる。

「月初めの会議で月の目標を言わせ、グラフを作って、目標を達成していないと『なぜだ、お前はできると言ったじゃないか』。と責める。管理する立場に立つと、ある種の快感が出てくるからおかしいですね。帰宅は遅いから子どもの状態なんてわからないです」

妻の明子さんは、不登校の本を読んだり、集会に出かけたりして、不登校を出す学校に疑問を抱きはじめていた。

「いまの学校は管理が厳しくなって、と女房は言うんですが、私は学校に行かないこと自体、理解できなかったから『将来、社会では生きていけないよ。そうならないように、お前、なんとかしろ』と、女房を責めるわけです」

小、中学校の時代は塾に通った。テストの成績が学校の廊下に張りだされ、競争心をくすぐられてきた。それだけに父親は、不登校は怠けで、許せないと思ったという。

だが家のなかでは次第に孤立し、疎外感を深めていく。日曜日に顔を合わせても、子どもたちは口をきいてくれない。ふだん、付きあっていないから、どう接してよいのかもわからない。イライラがつのり、妻との口論も増していく。中学の進学問題で、初めて長女と話をする機会ができた。

「中学は私も通った母校で道路一本離れた距離。『みんなが行くのになぜ行けないんだ』と、長女にいくら聞いても、自分がなんで行きたくないのかわからない。仕方がなく私立でも探すかという感じになったんですが……」

そんな和則さんが、子どもに問題があるのではなく、自分の考えていた学校とはどうも違うと気づいたのは、中学の運動会だった。

「家が近いから運動会の予行練習で、先生がマイクで怒鳴る声が聞こえてくる。『おめえら、何してるんだ』と。動物を追い回したり、ヤクザが脅しているような、……私の子どものころは先生に怒られても、あれほどひどい言葉は使わなかった。それで、初めて実感としてわかりました」とは言うものの、利益第一を信条としてきた和則さんにとって、効率、能率では測れない娘たちの行動を理解するのに時間が必要だった。

「自分自身のなかで考えが少し変わりはじめたころ、通信機を売る第三のルートを開拓しようという話が出て……。女房が生協をやっていて、注文書を見たら食品のほかに電気製品や雑貨も入っている。生協も販売ルートになるなと商談に行ったんです」

「パパ、忘れもの！」

生協に通信機の販路を求めて商談を始めた和則さんは、生協職員の意識が違うのに戸惑った。

「利益や条件を最優先に考えてきたのに、生協では品物の信頼性、安全性なんです。利益は最低限あればいいと。しかも担当者は二十五、六歳の女性で、そういうふうに言われたことがなかったんで、そういう組織があるのかと驚きました」

何回か交渉したが、売り込みを考えていた外国製の留守番電話機は、値段は安いが品質に問題があるため、商談は取りやめにした。

「商談よりも、生協はどんなところかに話がいって『いいですね、やってみたいですね』と言ったら、『募集してますよ』と。『でも私は四十歳ですよ』と言ったら、『大丈夫ですよ』と言う。自分の考えを変えるには仕事の内容を変えるのが先決だと、生協への転職を思いきったんです」

最初はトラックでの配達。帰宅は夕方。土、日は完全な休み。収入は少し減ったが、時間と生活に余裕ができた。

「それこそ十数年ぶりで明るいうちに帰ってくるわけです。土、日は子どもを連れて多摩川に自転車で行ったり。私も変わりつつあって、『もう学校には行かなくていいよ』という感じになったんですが、一方では『もし、行けるようだったら行ってほしい』という状況だったですね」

長女の不登校に続いて、二女の奈央さん、そして七歳も離れている三女も、幼稚園から不登校状態に。

「奈央が不登校のときは、上のをまねしたんだろうと思って『甘ったれるんじゃない』と。ところが三人目になってくると、これはまねじゃないぞと。上の二人は学校へ行かないことを重く受け止めてましたが、いちばん下は、近所の友だちが帰ってくると遊んでいる。そういう娘たちの姿を見て、もう行かなくてもいいと。私も気楽すぎるくらい、娘たちと話ができるようになりました」

こんなことがあった。夕食後、外に出てみると野良猫がいた。三女が飼いたいと言ったが、同居している祖母が反対するのが目に見えた。

「それじゃあ、秘密で飼おうと。そのときのおかずが天ぷらで、エビ天を一本食べさせたので、暗号で『エビ』と呼ぶことにして……。実際にはばれてしまい、いまは一緒に暮らしています。三人の娘が不登校というかたちで、利益第一の私が忘れていたものを『パパ、忘れもの!』と、突きつけてきたんだと思います」

理髪店で研修している奈央さんの手取りは十七万円。下宿の家賃が六万円、理髪店での三度の食事代が三万円、練習用の道具を買うと、手元に残るのは三、四万円だ。

「お店では、かみそりとかマッサージ、シャンプーをやらせてもらってますが、髪はまだなんです。先輩が髪を切ってるのを見ると切りたくて……」

奈央さんは、将来は福祉関係に進みたいと考えている。

「お店を出してはと言われるんですが、理容専門学校の実習で老人ホームや児童相談所、保育園に髪を切りに行って、前から関心のあった福祉が私の道だと……。将来は寝たきりの老人の家に出張理容をしたり、老人ホームにボランティアに行くとか、何か福祉のために役立ちたいんです」

そう語る奈央さんは天使のように見えた。

私の名前はちょっと……

東京都内のホテルラウンジ。約束の時間に父親(五一歳)が現れた。きちんとネクタイを結び、きびきびした動作からも、重要な責務を負っている管理職の男を感じさせる。

「最近になってみると、息子の生き方がハッピーだと思ってます。暁《あきら》みたいに管理社会の枠組みから外れて、経済的にはたいへんかもしれないけれど、好きなことができるのは、非常にいいことじゃないですかね」

息子の鈴木暁君（二一歳）は、学歴に頼らず生きていく実践の場として一九九六年三月三十日に株式会社「遊徒里《ゆとり》」を設立、社長に就任したばかりだ。父親は、不登校だった息子と悪戦苦闘した日々を語りはじめた。

従業員五千人。大手メーカーの管理職である父親は「息子の名前は本人がOKしているならいいですが、私の名前はちょっと……」と断った。

暁君が学校に行けなくなったのは十一年前の小学五年のときだ。

「学歴社会にどっぷり漬かっている人間からすると、『腹が痛い』で学校へ行けないとかでは困る。食っていけないんじゃないかと問い詰めることから始まりましたね」

トイレに閉じこもる暁君を引きずりだし「行け」「行かない」といった〃ぶつかりあい〃が二、三週間続いた。

「一カ月目には『じゃあ、休みたいんだったら休みなさい』と。そうは言うけど、心のなかでは悩みますよ。会社から帰ってくると、家のなかでうろちょろしてるし……」

中学には数回行ったきりだ。母親に連れられ東京シューレに行き、北海道の二十日間の合宿に参加する。ところが帰宅してからは東京シューレも休み、二階の部屋に閉じこもった十カ月ほど続いた。

「親がひとこと言ったことにすごいストレス、プレッシャーを感じ、悶々《もんもん》として……。ものを投げたり、唐紙を破ったり、畳をドンドン足でたたく。わが子の将来に責任がとれず、社会に迷惑をかけたらたいへんだと、親子で死のうかと女房と話しあいました」

東京医科大、国立小児病院などの検査では異常なし。教育センターにも行った。父親は退職し、小さな会社を設立して、息子と細々と生きていくことも考えた。

「このたいへんなときの功労者は、猫の『サスケ』で、悩み苦しむ暁の遊び相手になってくれて……。そして中二の六月です。東京シューレの仲間から『三周年の集まりがあるから』と誘われて出かけたのは。それから変わりましたね」

暁君は朝の十時に家を出ると帰宅は夜の午前零時を過ぎたこともある。勉強はせず、東京シューレ通信の編集、登校拒否アンケート集めに熱中した。NHKの通信制高校に入学したが、一年でやめた。

暁君が十七歳になったころからだ。東京シューレで二歳上の先輩である倉原香苗《かなえ》さん（二三歳）が家を訪れるようになった。

「暁もそのころは、シューレの活動を大事にしていて、精神的にも自立しはじめてますから。私たち夫婦も『親が悪いんじゃないか』と自分たちの問題として考えて。一日中、暁に集中する目を外に向けたらと女房も働きに出て……。それで昼間はおばあちゃんだけで、香苗さんが遊びに来てましたね。泊まったりはしてなかったと思いますが……」

そんなある日、父親が会社から帰ると、奥さんが「暁が重大な話をお父さんにしたいと言ってる」と告げてきた。

父母のけんかに不安感

香苗さんは小学二年のときに学校に行けなくなった。好きな先生がクラス替えで代わり、友だちもいなく孤立した。

「二年の担任におなかが痛いと言うと『保健室に行きなさい』と。保健室では『トイレに行きなさい』って、まともに話を聞いてくれないので不安になって……。産休の補助で来た男の先生なんかは、私が泣いていると『そんなに一年が楽しかったのなら』って、一年の教室にポーンと力ずくで私を入れたんですね」

先生や友だちから「心の病気じゃないか」と言われた。

「私も、なんで学校に行けないのかわからないので、心の病気だと納得してしまって、いま思うと、すごい悲しいことを自分で納得したなあと……」

同居していた祖母は元学校の先生。子ども七人を女手一つで育てたという自負心と学歴へのこだわりが強く、学校に行けない香苗さんの気持ちが理解できなかった。父親は奨学金で大学を卒業、基幹産業のエリートサラリーマン。

香苗さんは言う。

「家のなかも不安定だったというか、夜は夫婦げんか、昼間は嫁姑《しゅうと》の関係がごたついて、けんかが絶えない。私がいないときに母が家を出ていってしまったら怖い、だからいつもそばにいないと、という不安があって。それにけんかを止める人がいないから、私が最後に泣きながら止めていたんです。いまは仲がすごくいいですよ」

朝になると二人の先生が迎えに来た。両親、それに祖母の五人がかりで学校へ行かそうと必死になった。

「柱にしがみついている私の指を一本、一本抜いて、体ごと車に運ばれて……」

小学三年のときに転居した。新しい小学校は東日本で一、二位を争うマンモス校。みんなゼッケンを付けた体育着で登校していた。母親が香苗さんと一緒に登校、教室の外で五つ下の妹と六時間も待っていたことが度々あった。

「それまでしても親は学校へ行ってほしいんだなあ、と。いまふり返ってみると、母の努力は無駄なことだったんですけどね」

中学には最初の五日は行ったが、あとは週に一回。「登校拒否を考える会」に母親が出て、六月に東京シューレが開設されることを知った。

「オープニングに出たら、みんな学校に行ってないのだろうかと疑うほど明るいでしょ。それで私の心の底にあった学校に行けないひけめが少しずつ溶けていったんです」

東京シューレでは、機関誌の編集をしたり、「子どもの人権弁護団」の主催するシンポジウムで七百人を前に体験を披露したりして、自信をつけていく。機関誌の編集補助をしていたのが暁君で、次第に一緒に作業をする機会が増えた。

「私は二人だけで人と付きあうのが苦手で、小、中学校でも知らない人と二人で帰ることは怖くてできないんです。だけど暁君とは一緒にいても、心が落ち着くというか、大丈夫だったんです」

暁君と香苗さんの仲は仲間にも知られるようになった。

「最初、何かのパーティーで出されたパセリがおいしくて山のように食べていたら、友だちが『えー、妊娠したんじゃないの』と。『うーん、そうかしらね、はっはっはあ』と言ってたら生理が止まって。もしかしたら……」

祖母の言葉が暁の慰めに

学校だけでなく東京シューレにも行けず、家に閉じこもった暁君は、当時、どんな心境だったのだろう。

「十カ月閉じこもって、ずっと考えていたことは、『自分は食べていけるのか』『学校に行ってないのは、ほんとうに悪いのか』という二つのことだったんです。父は『小卒なんかで働ける場所は一個もないぞ』と言うし……」

行けない自分を分析したら、一番はいじめによる友だち関係のギャップ。小学五年のとき転校した学校は、いくつものグループがあって、日常がいじめという感じだった。

母親が「そんなに暁が苦しいのなら一緒に死んであげようか」と言ってきた。

「二回もあったんです。いまから考えると、危なかったなと思って。ぼくにすればうれしかったですよ。分かってくれてるという意味でね。だけど死んだらどうなるんだろう。母が悲しむ、自分の部屋がなくなる、自分のやってきたことは何もないから忘れられると、考えると悲しくなって一晩中泣いたり、吐いたりしてましたね」

追い詰められた暁君にとって慰めとなったのは、母方の祖母の言葉だ。祖母は女手一つで子ども四人を育ててきた。

「母が相談に行ったとき『学校へ行かないくらいで何を慌てるの。暁ならなんとかなる』って叱ってくれて。常にどんなときでもぼくのことを認めてくれてるんですよね。閉じこもってるぼくにとって大きなひと言だったんです」

父親は、暁君が東京シューレの三周年に誘われ参加してから変わったと語っていた。何があったのか。

「二、三百人の人が来て、話しているのを聞いて、単に仲間だけでなく大人たちもぼくたちの存在を認めてくれている。だれかが『学校へ行かなくていいんだよ』っていう話をしたんですが、すごく新鮮に聞こえた。前にも聞いていたはずなんですが、十カ月悩んだから、そのひと言が大きく響いたんだと思います」

それまでの閉じこもりをバネに、暁君の行動は積極的になっていく。

中学では「行けなかった」が、高校は「行かない」ことにした。その分、さまざまな活動に参加しようと決めた。

東京シューレの「登校拒否アンケート」では、実行委員長を引き受けた。

「文部省の調査で『登校拒否は怠けだ』と発表したけど、教師からとったアンケートでしょ。ぼくたちは違うと思っているから、実際に登校拒否をしている仲間に聞いてみようと……。一年かかりました」

全国のフリースクールの仲間や親の会に調査票を送り、二百六十五人から回答があった。つらいときに「自殺をしようとしたか」では、六八％が「しようとした」と答えた。登校拒否は怠けではなかったのだ。

原発ネットワークの仲間たちと六泊七日でチェルノブイリへ旅をした。

「ウクライナの子どもたちと将来について話しあったとき『日本の教育システムはすばらしい』

みたいな発言があって。ぼくから見れば弊害を身をもって体験し、おかしい部分がたくさんある日本を理想として頑張っている。そのギャップの大きさにショックを受けましたね」

経済的に自立したいと思い、帰国してバイトを再開した。

「神宮へ初もうでに行ったときなんです。『もしかしたら妊娠したみたい』と彼女が言ったんです」

産んで彼と一緒の生活を

香苗さんは市販の妊娠検査薬を買って調べてみた。

「生理の周期が長かったり、短かったりで、最初は遅いんだろうと思っていたけど、つわりもきていて、なんか気持ち悪い。さっさと調べちゃったほうが早いやと……。やっぱりそうでした。真っ先にスキー場にバイトに行っていた彼に伝えたんです」

当時、香苗さんは二十歳、鈴木暁君は十八歳。産む、おろすで香苗さんは悩んだ。

「彼は『おろせ』と言わないし、私の責任が重くなって……。言葉にできないんですが、産むと決断したのは、彼と一緒に生活したかったことと、なんとかやっていけるんじゃないかと思って……」

おろすことができない五カ月目が迫ってきた。東京シューレの主宰者である奥地圭子さんに相談した。

香苗さんは言う。

「親にどう言えばよいのかって聞いたら、奥地さんは『エッ』という感じだったけど……。それから夜中、寝る直前に母に『私、妊娠して五カ月目で、産みたいんだけど』と言ったら『おめでとうと言わなきゃいけないわね』と。母は『ああ、そうなの、そうなの』と何回もくり返して。あとで『あのときはショックだった』と言ってました」

父親には母親から伝えてもらったところ「なんとなくそうかもしれないと思っていた」と、予想外の反応だった。

「おろしたほうがいいと言われたら怖いから、ギリギリまで言わなかったんですが、おろせと言われなかったので、ホッとして。もっと早く言えばよかったと……。五カ月も黙っていて、母を傷つけてしまったという感じで……」

一方の暁君の家庭はどうだったのか。

「前年の十一月に『家を出たいから協力してくれ』と暁が言ってきて。『登校拒否してアパート住まいなんてできないよ、その金どこにあるのか、甘えるんじゃない』という話をしたことがあるんです」

家を出るという暁君の言葉が父親には、少し気になっていた。

「ぼくが会社から帰ると『暁が重大な話を……』と女房が言うから、暁に『なんだ』と聞いたら

『子どもができた。結婚したい』と。『ふざけんじゃない』と。私は産むのに反対したら女房と娘に総スカンくらってしまって……。結局、ぼくは割りきりが早いほうだから『じゃ、いこうや。しょうがないじゃないか』と。もうぼくは『しょうがない』だらけなんですよ」

しかし見方を変えると父親は現実を受け入れることで家族の機能を維持したのだ。父親は、十カ月間も息子が部屋に閉じこもって、悶々としていたときの苦しさに比べれば、たいしたことではないとも言う。

「それで『じゃあ籍を入れて、きちっとしなさい』と。アパートも自分で不動産屋に行き見つけたんですが、『十八歳じゃ契約できない。保証人に両親を連れてきなさい』というので不動産屋まで行って、敷金、礼金の二十万円は出しました」

お披露目は家族どうしが内々に集まってすませた。

「考えてみれば登校拒否だった息子が、自分で生活していく、巣立っていくんだからハッピーなことですよ。妊娠させて『なんでお前、おろさないんだ』と迫る、へんな男でなくてホッとしましたよ」

子どもは勝手に育つ

暁君は言う。

「妊娠と香苗から知らされたときはびっくりしました。どうしようかと思いました。父は大反対でしたね。『どうやって食っていくんだ』と。また不登校したのと同じ場面に戻って……。ただ母が流産した体験があるので『どうやって食べていくかは知らないけど、産みなさい』と応援してくれて……。ぼくも当時十八歳で、育てる自信はなかった。しかし親子は育てようとか育てられるという関係じゃないと思った。勝手に子どもは育っていくし、親子は一緒にいるだけで理解しあえると。なんとかなるというのが正直なところでしたね」

父になるのを意識してか暁君は、アルバイトを再開して稼ぎはじめた。

「ぼくは東京シューレに入ったときからバイトはやってたんです。十五歳だったけど年齢をごまかして。親に経済的な負担はかけたくないと。だから稼ぐ自信はありました」

これまでにやったアルバイトは、コンビニ、本屋の倉庫の整理、ファストフード、路上の人数調査、運送会社の倉庫、スキー場の住み込み、郵便配達……と十種を超える。

「とりあえず家も借りたい、出産費用とか家具に五十万、百万必要になって、三月から警備会社に勤め、週六日で二十四、五万。いちばん多いときは週十日、つまり昼、夜二回働いて四十万稼いで、親に借金した分を返しました」

一九九三年九月八日に長男誕生。人名字典を見て名前は朔人《さくと》と付けた。自分の思ったことを表現できる人間に、という思いを込めた。暁君は普通だと高校三年。朔人ちゃんが二十歳になってもまだ三十八歳の若さだ。

「ぼくは前から学校に行かない子と一緒にシューレで活動したいと思っていたんです。奥地圭子さんに相談したら大田区で始まるシューレでスタッフとして働くことになりました」

二年前の四月から不登校の体験を生かし、先輩として今度は後輩の世話を始めた。一九九五年の六月には新宿のシューレのスタッフに移った。

「ぼくは教えるという言葉が嫌いで、子どもが何か知りたいと言ったときに一緒に考えることだけでいいと。子どもたちが求めているのは、常に自分たちと一緒になってくれる存在だと思う。家に帰りたくない子どももいると、親への不満を吐きだし、すっきりして帰っていくこともあるんです」

そんな暁君だが、一九九五年の十二月ごろから仲間で株式会社を設立しようと話しあい、翌年三月に実現にこぎつけた。

「社会では、不登校ということで差別を受ける。就職だけでなく、バイトもできない場合もある。認めてもらえないのはおかしい。だからぼくたちが会社をつくって食っていけることを示したくて……」

長野県の麻績《おみ》村の貸別荘地千五百坪のところに、六十坪のログハウスが一九九六年十一月に完成、全国のフリースクールの仲間や親たち約百人が宿泊するなど、順調に進んでいる。

そうした暁君の行動を父親は、こう受け止めている。

「心配半分、喜び半分というところですかね。あれだけ自分の仕組みを通そうと苦労したんだから人を傷つけるような男になるな、それだけですね。ふり返ってみると、勝手に『お父さんの価値観はこうだ』と、お仕着せをやってきた。しかし現実には、暁は暁なりの仕組み、考え方を持っていた。それを皆が認識しあって、家族も考え方を変えていかないと、うまくいかないということです」

勉強するのは十二年ぶり

「いま、ぼくはフランスのブザンソンという町でフランス語を勉強しています。パリからTGV（フランスの新幹線）で二時間半のところにある閑静な大学都市です。大学付属語学学校で週に十七時間の授業を受けています。思えばこんなに勉強するのはぼくが学校をやめた九歳の春以来、十二年ぶりのことです」

私の取材を受けたあと、一九九六年二月にフランスへ旅立った中沢淳君（二一歳）から、こんな便りが送られてきた。ブザンソンは、スイスの国境に近い。ブザンソン国際指揮者コンクールで、小澤征爾が金賞をとり一躍有名になった。

「十二年間、学校らしき場所にはまったく通っていなかったぼくですが、『はたして週十七時間も授業を受けられるのだろうか』という心配はみじんもありませんでした」

駅から歩いて三十分。森林と緑の畑に囲まれた閑静な大学町。空気が澄んでいて百武彗星《ひゃくたけすいせい》が見えたという。二十棟の建物が並んでいて、学生寮四階に淳君の部屋がある。

「ぼくが住んでいる寮には台所がありませんから、勉強机の上に電熱器を置いて煮炊きします。どんな料理を作っているかというとカレーライス、ハンバーグ、スパゲティ、肉じゃが、親子どん、お好み焼き、白身魚のムニエルなどで、基本的には日本で食べていたものばかりです。フランスに来てまで日本料理を食っとるのか！　との怒号が聞こえてきそうですが、作り方がわかるのは母が作ってくれていた料理だけですから、まあしょうがないことです」

二月に所属した一週二十五時間のクラスは十八人で、日本人は淳君一人。授業料は四カ月で三十万円だ。

「クラス内に日本人はぼく一人だけで、ずいぶんハードでしたが、その一カ月間のおかげで、寝ていても夢のなかにまでフランス語が出てくるようになりました。それだけフランス語が頭に張りついてきたんだなとうれしい半面、寝ているときぐらい、そっとしておいてくれ、という気もします」

三月からはもともと希望した十七時間で授業料十万円のクラスに移った。生徒数は十三人で、七人が日本人学生。そのうち五人が東京の有名私大の学生だ。ところが彼らは授業中は黙ったまま、淳君一人が質問しているという。

「ぼくはクラスのなかでは、かなり目立っているようです。とにかく発言の回数が多く、人目を引くようなことを言ってしまうのは確かです。授業の内容を理解しているから発言が多いのかというと、そうでもなく、わからないから発言する必要があるのです……」

　こんな便りをよこした淳君は、小学四年から学校に行っていない。二年のとき、父親の仕事で大阪から千葉県松戸市の学校に転校。三年の三学期に円形脱毛症になり、四年から学校に行けなくなった。

「普通の生活ができないくらい寝こんでしまって、一カ月、二カ月……。目はうつろで、髪は伸び放題、げっそりやせて病人のような生活をしていた。外にも出ず、自分で立っているのが精いっぱいで、ほかの人が何をしているかということに目を配れないんです。自分の心臓や脳を働かしたりするだけで、フーッという感じで。そのとき、どうやったら楽に死ねるか、人間が生きている価値とは何だろうと考え、生きたいなら生きればいい、死にたいなら死ねばいいというのが結論でした」

この学校、自由がないよ

　小学四年のときに学校に行かず寝こんでしまった淳君の状況を、母親の真知子さん（四七歳）は、いまだに鮮明に覚えている。

「松戸の学校は規則がいろいろあるのと、子どもたちを競争させることが盛んで、シールを張るとか、棒グラフを書くことで競わせていました。淳は『ここの学校、自由がないよ』と言いだしたんです」

　おしゃべりで、好奇心が強く、目立ちたがりの淳君にとって管理と規律の厳しい雰囲気になじめなかった。

「体育でも鉄棒の逆上がりができないと『できるまでやりなさい』と、友だちを付けて指導させる。『お前、いつまでできないの』という感じになりますよ。掃除も黙ってやらねばならない。淳が掃除中に質問すると『中沢君は何度しゃべりました』と先生に報告される。あるときは八百何十字の漢字を書く罰をもらって、放課後残されて……」

　三年の秋ころから暗い顔になり、冬になると「寒い、寒い」と背中を丸め、春休みも近い二月には「ぼくは大きくなったら安楽死する機械を発明するんだ」と言いだした。

「一カ月休めば元気になると思っていたら、玄関でうずくまるとか、夜は寝るのも怖くて『亡霊が立っているような気がする』とか言いだして、学校がいやなのは話からわかっていたんですが、ここまで追い詰められているとは気がつかなかったんです」

　国立国府台病院や児童相談所にも行った。一週間ほどして児童相談所の職員が様子を見に訪ねてきた。

「四十代の男の方だったんですが『まだ学校へ行ってないのか。これじゃ駄目だね。まあ施設にでも放りこまないと治らんよ』みたいなことを言ったんです。もう二度と来てもらいたくないと、『学校と相談しますから』と、関係を切ったんです」

長欠担当の女性教師は、転校してきた淳君の気持ちを実によく受け止めてくれた。

「淳に『学校慣れた？』と聞き『うん、慣れたけど、この学校、自由がないよ』と答えると『この学校に来て私と同じこと、この子、感じてる』と言って、不登校の専門医である渡辺位先生の本を貸してくれたんです」

渡辺先生は順番待ちで半年後でないと駄目。別な担当医のカウンセリングを受けた。

「きちんと子どもを受け入れてやらない自分がいけないことに気がつき、一生懸命努力しているのに、淳は逆に毎晩、怖い夢を見てうなされて、ガバッと起きたりして、八方ふさがりの状態になって……」

ぽたりぽたりと水が落ちる真っ暗なトンネルを一人で歩いているとか、大きな鳥に追われて逃げたら絶壁で、下へ落ちていくという夢だった。

五年の初めに真知子さんは「登校拒否を考える会」に通いはじめる。

「そこに行っていると、自分の気持ちが楽っていうか、淳のことをどこかに問題のある、精神的にゆがんでいる子という見方をしないんです」

淳君も五年の六月に開設された東京シューレに、片道一時間半かかって通いだす。

「ところが夏休みの前になったら『もうぼく、行きたくない』って。子どもにとって理想的な場だと思っていたところに行けなくなるというのは、やっぱり私が原因だったのかなあと、ほんとうにどん底に落ちるような気分になってしまったんです」

お宅の子だって育つよ

それでも真知子さんは「登校拒否を考える会」に、毎月通いつづけた。

「あるとき、会に来ていたお母さんが『うちの子がちゃんと育ったんだから、お宅の子だって育つよ』と声をかけてくださって……。その言葉に、どう育てたらいいのかって、ずっと凝り固まっていた気持ちがストンと落ちるような気がして、自分の子も育つかもしれないって……」

子どもの潜在意識にあるものは何かとか、心理学者のようにせんさくするのはやめて、自分も楽に、のびのびやればいい——そんな気分だと真知子さんは説明する。

「子どもがふせってようが、何をしようが『まあ、いいじゃないの』っていうか、その状態に付きあってやればいい、そのことで落ちこむことはないし、自分が悪かったとも考えず、とにかく毎日、子どもと楽しく暮らそうと、そういう気持ちになったんです」

不登校という世間的に見ればマイナス要因を背負った子どもの親たちが、ミーティングで体験を話しあうことによりプラスに転じていく。これが現代社会でいま、もっとも必要とされる自助グループの役割だと言ってよい。

「私も明るくなったけど、淳にもなんかホッとしたような表情が出てきて……。それから、いろんなところに出かけるようになったんです」

淳君には七歳下の妹、瞳さん（一四歳）がいる。幼稚園に行って一カ月後に「もうやめる」と言いだした。皆の前であいさつしたりするのが大嫌いだったのと、楽しくなかったからだ。小学校にも入学式に出席しただけだ。

前に紹介した理容研修生、佐藤奈央さんもそうだったが、学校に行かなくてもよいと親が腹を固めると、きょうだいで行かなくなるケースが出てくる。つまり、それだけ学校は子どもたちにとって行きにくい場所になってしまっているのだ。

「淳の場合は迷いましたが、瞳のときは、人のなかに入らないから育たないとか、社会性が身につかないといった心配はしなかったんです。お父さんに似て人付きあいが嫌いなんです。だから友だちも欲しくないし遊び相手は淳と私で、ずっと過ごしてきたんです。その瞳が最近、友だち付きあいがおもしろくなったようで、遊びに出かけはじめたんですよ」

瞳さんは絵をかいたり、童話風の物語を書くのが好きだ。四、五歳ころから毎月のカレンダーも作ってきた。

一九九五年、瞳さんの存在を知った松戸の市会議員が、そのカレンダーを自費出版してくれた。淡く、ほのぼのとした感じのパステル画で、三千部印刷したが売りきれた。

「ちょっと見てください」と、真知子さんは大学ノートを持ってきた。開いてみて驚いた。きれいな字でプロ野球ヤクルトの全試合の戦評が、一試合、見開き二ページを使って書いてあるではないか。

「瞳はヤクルトファンで、テレビ中継を見て、戦評を書くのが好きなんです。テレビ中継がないときはラジオ、ラジオがないときは新聞のスコア表を見て書くんです」

一年間、全試合残らず書くという根気と情熱……。学校に行かないことで瞳さんは、自分の持って生まれた才能を見事に開花させているという感じがした。

自分一人で生活したい

語学研修生としてフランスに留学した淳君は、小さいころから鉄道が大好きで、地図と時刻表さえあれば何時間でも過ごせた。

「ぼくは赤ちゃんのときから電車の絵本が好きで。幼稚園時代は大阪だったので、阪急電車の路線図を書いていたそうです。将来は鉄道会社の社長になるのが夢だったんです」

学校へ行けない息子と楽しく暮らせばいいと母親が悟ったのと前後して、淳君は電車に乗って東京近郊に出かける。次第に旅行範囲は広がり、十二歳のときは友人と九州まで旅をした。十八歳までに国内の鉄道の七〇％は乗った。そして韓国を皮切りに外国旅行に転じ、これまでに訪れた国は二十一カ国。一九九五年の正月はマダガスカルにいた。

「首都のアンタナナリボという地名は地球儀とかで幼稚園のときから知っていたんです。そこがここかと思うと感激でしたね。ぼくの頭にある白地図が埋まっていく感動がたまらないんです」

一九九五年夏は五十日間のサハラ砂漠一人旅を楽しんだ。

富山から船でウラジオストクへ。シベリア鉄道でモスクワ、エストニアのタリンから船でストックホルム、南下してマルセイユ、船でチュニス、そしてサハラ砂漠に。

「砂漠のなかで十五夜のお月さんが出てて、まぶしくて眠れないんです。空は真っ暗なのに明るい、何か月面にいるような感じで……。サクサクと砂の音しかしない。そうかと思ったら急に砂あらしが吹きはじめて、その後三日間は耳の穴から砂が出てくる、出てくる、すごかったですよ」

費用はアルバイト。十七歳から私鉄の駅でラッシュ時の〝じり押し〟を五年近く、千葉マリンスタジアムでのバイトも三シーズン続けた。

「おかげで鉄道会社の体質もわかってきて、ぼくの行くところではないなと。いまは文章を書くことに本腰を入れようと思うようになったんです」

現在、東京シューレで出している通信教育の機関誌に「世界旅行記」を連載中だ。

「ぼくの個性が花開いたのは、みんなが中学、高校で勉強しているあいだ、東京シューレに行って機関誌の編集をしたり、旅行や書くことに熱中できた。これがぼくの武器になっているんです。ところが最近、どうにもならないことが……」

いちばんショックだったのは、バイトをしている私鉄の駅に大卒二年目の若い社員が視察に来たときのことだ。

「その若い社員は、五年も現場で地味に一生懸命働いている駅員に『安全運転よろしく』と言って回った。単に大卒というだけで、視察、指導する学歴社会の威力を見せつけられた感じがしたんです」

厳然と存在する学歴社会のなかで、学歴に頼らず生きていくのは、そう簡単ではないことがわかってきた。

「ぼくは学歴はないけれど、逆に彼らが持っていない判断力、自分で状況を判断して決断できる力、それから自分の信念、主義主張がはっきりしている。あと得意な分野がある。それは鉄道であり、物書きであり、歴史では室町時代を中心とする戦国史に詳しい。もう一つ、自分の個を強烈に主張し、相手の個をしっかり尊重する、そういう態度が身についているんです」

その彼がなぜフランスに語学留学に出かけたのだろう。

「旅行するのと生活するのは違うんです。じっくり一カ所に根を下ろして自分一人で生活したいと思ったんです」

嫌いなものは勉強するな

淳君の父親、清さん（五三歳）は、東工大理学部地球惑星科学科の教授だ。

太陽系や地球の起源、火星に水があったのにいまはなぜないのか……といった学問的に未開拓な分野を追究していく。それも望遠鏡ではなく、探査機を飛ばして調べる最先端の学問なのだ。

「私が京大から東大に移ったのが淳が小学二年のときで、学校へ行けない淳に『なさけない、大人になったらもっとたいへんだぞ！』と半年ぐらい、やりましたね。女房から『そうやって責めるから、この子の体が治らないんだ、あなたはもともと攻撃的性格だから』と対立しましてね」

自転車のうしろに乗せて校門まで行った。だが淳君は顔を真っ青にして離れなかった。

「新聞記事で『登校拒否』という言葉を初めて知って、対応を誤ると、子どもを苦しめると……。よく考えたら百数十年前には学校はなかった。学校へ行かなくても、ちゃんと人間は生きている。息子の健康とか命まで犠牲にするほどのことはないな、と決断したんですね」

京大、東大の助教授時代に大学入試問題の作成に携わっていたことも決断をスムーズにさせた。

「問題を作るため高校の理科の教科書と学習指導要領を全部読む。内容が多すぎて理解できるわけがない。全部頭に詰めこんだらお化けだと思ったんです。それで息子には、万能選手になる必要はない、教科書は百科事典だから、興味があったら、突っこんでいけばいいと言ってきた」

父親から嫌いなものは勉強しなくてもよいと言われ、淳君自身も好き嫌いがはっきりしている。そういう個性的な子どもを、いまの学校は受け止めることができないのが現実だ。

「産業構造が変化して第三次産業にどっと流れていこうとする時代に、質のそろった教育は必要ない。物理を学んだ学生が銀行に行くわけです。なぜと聞くと給料がいい。大学の勉強は趣味で、あとはマネーゲームに走る。そういう学生を見ていると彼らが必要としているのは学歴だけなんです」

東工大の場合、学生の約八〇%が大学院へ進学する。どの分野に進むかの段階になると、自分は何をやりたいかではなく、自分の成績だとどのへんに進めるかという偏差値の世界に戻ってしまう。

「成績がよい学生は、人気のある研究室へ進みたがるし、選ぶ教官のほうも素質や意欲を見抜けず、成績だけに頼って進学させる。だから学生は好きでもない研究をする羽目になって悩んだりする。そこそこの研究はするけれども、それ以上は伸びていかない」

学歴に依存しようとする学生たちと、自分の好きなことを追求しようとする息子とのギャップをどう見ているか。

「私は学歴社会は崩壊寸前だと思いますね。ロシアの崩壊もベルリンの壁の問題も、あっという間だった。ほんとうの研究を進めるためには、均質的な教育、学歴に頼っていては駄目です。違う尺度で人間を測らねばならない。ところが親は自分の子どもには横並びでいてほしい、ドロップアウトするシステムは求めません。むしろ企業が、どのような人材をピックアップし、どう組織で生かすかを考えることで学歴社会はつぶれることになる。淳が何歳のときにそうなるかはわかりませんが、近い将来、必ずやってくると私は確信しています」

親の腹が固まれば……

私立大学二部で地学を学んでいる吉村昭雄君（二三歳）。川の流量を調べるアルバイトをしたり、東京シューレの仲間たちと旅行しているうち地理の勉強がしたくなった。

角絵里子さん（二〇歳）。小さいときからあこがれた女子プロレスラーになったが椎間板《ついかんばん》ヘルニアで引退。現在は短大の通信教育で社会福祉主事の資格を取ろうと勉強を続けている。

坂戸諭君（二五歳）。定時制高校を経て私大を卒業、出版社の営業部で働いている。

柴田誠君（二一歳）。飲食店でアルバイト。調理師になり飲食店を開くことが夢。

この四人も小、中学校時代、いじめなどそれぞれの理由で学校に行けなくなった。悩んだりした末に東京シューレで仲間たちと出会い、新たな人生を歩みはじめている。

彼らに共通しているのは、両親が不登校という事態を突きつけられ、最終的には「学校に行かなくてもいいよ」と、ほんとうに心の底から思い、腹を固めていることだ。

新聞連載中、読者から「うちの子も不登校になっていて、どうしたらよいか」という手紙が多数寄せられた。電話をかけて話を聞いてみると、「学校へ行かなくてよい」と思ってはいるものの、ほんとうにこのままで大丈夫か不安だという答えが返ってくる。学校に行かないと人生が駄目になるという学校信仰の呪縛《じゅばく》が、いかに強いかを思い知らされた。決断が早ければ早いほど事態をこじらせないですむと言える。

ある匿名の手紙には、こんなことが書いてあった。

「大山君みたいに新しいレールを歩くことが出来た人はいいのだろうけれど、新しいレールを探せなかった人はどうなるのだろうか。その人は社会の弱者として置いていかれるのかと思うと、何とも言えない複雑な気持ちです」

同じような思いを抱いている若者たちも多いと考え、大山未来君(二一歳)に意見を聞いてみた。

大山君は手紙を読んだあと、こう語る。

「ぼくはいまだに悶々として生きています。レールなんか見えてません。一生懸命歩いてふり返ってみたら、レールができていたという感じなんです。ぼくも疲れたりしたときは、学校へ行っている人をうらやましく思うことがある。しかし大学を卒業して会社に入るというレールも、実はよく考えてみると幻想にすぎないのではないですか。レールを自分で見つけ、つくっていく気力、気概、問題意識こそが必要なんです。そのためには自分自身で方向を決めなければならない。舵《かじ》を取ることがたいへんなんですよ」

中沢淳君の母親、真知子さんからは「わかる気がします。レールが見つからず、苦しんでいる、もがいているからこそ救いがあると思います。親だけでなく、周囲が温かく受け止め、どう支えていくかが大切だと思います」と、励ましの言葉が寄せられた。

親が学校に行きたくなかったら行かなくてもいいよと腹を固めることは、親自身が持つ学校に対するこだわりを捨てることだと思う。

「東京シューレ」設立まで

これまでに登場した若者たちの居場所となった「東京シューレ」は、一九八五年六月に設立されて早くも十二年近くが経過している。東京シューレに居場所を求めてきた子どもたちは、現在ある王子、蒲田、新宿の三スペースにいる二百人を含め七百人にものぼる。

その主宰者である奥地圭子さんは、実は公立小学校の教師だった。

「私は二十二年間、学校で子どもたちと付きあう日々を生きがいにしてきた人間でした。その私が、登校拒否の問題を真剣に考えるようになったのは、長男が登校拒否になったことからなんです」

いまから十九年前の七八年。長男が小学三年になったころから、朝になると、おなかが痛い、頭が痛いと言いだしはじめた。

「小学二年のときに転校してきたんですが、授業中にうしろの席の子が、とがった鉛筆で長男の頭をつついたりして……。言い争いになったのを先生がとがめて、結局、けんか両成敗にしたため、長男は納得できず、先生に対する不信感を積み重ねていくんです」

三年生になると、長男の訴えは激しくなっていく。当時、登校拒否については奥地さんも理解していなかったため、小児科、精神科と病院を回り、脳波をとったりしたが異常はない。心身症だとも言われた。

「休んだり、登校したりのくり返しだったんですが、五年の秋の運動会が終わって長男が家に帰ってきて靴をぬぐため座ったまま、立てなくなりました。家のなかをはって歩くありさまなんです。しかも食べると吐くという拒食症にもなって……。ガリガリにやせてきたんです」

医師などにも相談すると「共働き家庭のため愛情不足です」などと言われ、奥地さんは、追い詰められていく。

「医者から『愛情をひくためにしているんですよ』と言われると落ちこんでしまって。商社マンだった夫も『おれは、お前に頼んで教師をやってもらった覚えはない』と言いだして、夫婦げんかは激しくなるし、そのころの気持ちは地獄に落ちた状態になったんです」

最終的に訪れたのは千葉の国立国府台病院児童精神科の渡辺位先生のところだった。

「医者不信に陥っていた長男は『行かない』と拒否しましたが、一回だけ会ってみないか、いままでの先生と違うからと説得したら、『一回ならいいよ』とついてきてくれました。その一回が重要な意味を持ったのです。長男は渡辺先生に『国語の時間に教科書を読ませて、つっかえると校庭一周という罰があって、それを班競争にして……』と、胸のつかえが取れたようにしゃべりはじめたんです。二時間近くやりとりを横で聞いていて、なんて私は、この子の学校の苦しみをわかってなかったんだと……」

渡辺先生との話が終わると長男は「羽がはえたように気持ちが軽くなった。こんな気分は久しぶりだ」「お母さん、おなかがすいたから、おにぎり作って」と言った。

「家に帰ったら、おにぎりを二皿もぱくぱくとたいらげて、不思議なことに、それから拒食症がピタッと消えたんです。人間の心と体が一つであることがほんとうにわかる出来事でした」

長男は、学校のあり方に納得がいかず、心のなかで葛藤《かっとう》していたのだった。

「私は子どもの苦しみや、つらさをほんとうに受け止めることができず、大人からの期待される人間像を押しつけ、親や教師の立場から、ものを見ていたんだなと気づいてハッとしたわけです。学校は子どもにとって豊かに成長できるところであるはずが、逆に子どもをつぶす場になっている。子どもが悲鳴を上げてサインを出していても、学校に行ってほしい、行かないと心配するという学校信仰に私自身がとらわれていたんです」

一時は教師生活をやめようと思った奥地さんだが、登校拒否の子どもたちの気持ちも受け止められる教師になりたいと、再スタートする。だが長い教師生活でしみこんだ〝内なる学校信仰〟を完全に捨て去ることは難しい。

「今度は長女が小学六年になって、『私、こういう学校には行かない』と、宣言したんです。登校拒否については長男のことで学んでいたので、あっさり認めたんです」

長女は、登校拒否に対する引け目などもなく、休み時間に学校に行っては遊んで帰ってくる。夏休みには学校のプール指導には行かず、近所の子どもたちと一緒に市民プールで泳いでいた。

「九月に私の担任の子たちが区内の水泳大会で、すごくいい成績を出したので、うっかり長女に、あんたも選手で練習したら、いい成績を残したんじゃないと言ったんです。そしたら『お母さん、私は選手になりたくて泳いでいるんじゃないんだよ』と言い返されて、やっぱり教師の目で、学校の価値観で、ものを見てしまうんだと反省させられたこともありました」

親の学びあい、支えあいの必要を感じた奥地さんは「登校拒否を考える会」の結成を呼びかける。日本全国からの参加で、会員はどんどん増えた。暴力をふるったり、自殺寸前まで追いこまれている登校拒否の実態も知った。

「教師をやりながら、学校がマイナスなら来なくてもよいという立場をとっているわけで、私自身、矛盾を抱えながらの教師生活だったんです。学校のなかでは自由にやっているつもりでも、教師であるかぎりは子どもを管理したり、権力的に押しつけたりすることからは逃れられない問題も出てくるんです」

そんな矛盾だらけの教師生活をやめるきっかけになったのは、前年に受け持った子どもが、白バイに追われて逃げるバイクにはねられての事故死だった。

「人通りの多い道を猛スピードで追いかけることが危険で、警察に非があるのは当然なんですが、学校側は警察をかばい、子どもの命よりも学校の体面を重んじたんです。クラスの仲間が事故現場に行ってお祈りしたいと言うので、私が校長に申し入れたら、『いらんこと考えないで授業をしろ』と言われて。学校を辞めて、不登校の子どもたちのための自由な居場所をつくりたいと思って、どうしようか迷っていた私は、そのことで吹っきれ、東京シューレを始めるんです」

仕事一筋の人生を反省

圭子さんの夫、重雄さん（五六歳）も、子どもたちの登校拒否で人生を一八〇度も転換させられた父親だ。

「学校へ行かなくなった長男を私は殴ったり、蹴《け》ったり、無理やり行かせようとしましたね。あるときなど、いやがる長男を力ずくで自転車の荷台に乗せて学校まで連れていき、家にはカギをかけて入れないようにして、私は会社に出勤したこともありました」

そのうえ重雄さんは、長男が学校へ行かなくなったのは、妻の圭子さんに責任があると責めた。

「結婚以来、子どものことは一方的にワイフに押しつけて、自分の責任を回避してきたんです。ワイフは、職場では教師の子が登校拒否するのは何事かと陰口をたたかれ、家では私から育て方が悪い、教師などして面倒見てやれないからだと責められ、地獄の毎日だったと思います」

ショックだったのは、夜中に帰宅した重雄さんに「お父さんは、朝出れば夜中まで帰ってこない。話といえば、怒鳴るか説教するだけじゃないか。そんなお父さんなんかいないほうがいい」

と、長男が声を振り絞ったように訴えたことだった。

「私は夜遅くまで家族のために働いたつもりでいたのに……。ショックで返す言葉もありませんでした。ワイフの部屋には『離婚は怖くない』『女の自立』『反結婚論』といった題名の本が増えていくでしょ。離婚されるのではないか、子どもからも見放されている、これまでの仕事一筋の人生を反省させられ、自分はどう生きていったらいいのかと悩みました。知らず知らずのうちに大事なものを置き忘れてきたように思いましたね」

それまで自分が体験してきた学校そのものが、まったく違うものになっているのではないかという疑問がわいて、さまざまな本を読みあさった。

「私は、それまでは学校と会社は異なる存在だと思っていたんですが、学校の実態を知れば知るほど、学校は会社と体質が似ているように思えてきたんです」

会社では、会社の方針に忠実で、上司の言うことをよく聞き、売上高や利益額が大きい社員がよい社員であり、方針の中身や社員の人間性は問題にはならない。一方、学校も同じで、教師に言われるままに行動し、点数や偏差値の高い生徒がよい生徒であり、批判したり、豊かな個性を発揮したりする生徒は問題児とされるのだ。

「私は長男が登校拒否をする意味がやっとわかったんです。そして会社内の評価や売り上げ競争に勝ち抜くことを生きがいにしてきたため、自分本来のあり方や考え方、どうありたいのかという観点を忘れてしまっていたことに気づかされたんです」

本音で話しあえる人間関係を求めれば求めるほど、会社では上司や同僚たちとかみあわなくなっていく。やがて重雄さん自身が出社拒否に似た状況になっていった。

「不思議なことに会社での状態が悪くなるのに比例して、家族との関係はよくなっていったんです。職場からも見放されて〝登社拒否〟状態となり、とにかく会社を辞めることを決断したんです」

重雄さんが四十二歳、長男が十三歳のときだ。商社を退職したあと、出版社の倉庫番をしたり、学習塾をやったりして、現在は「東京シューレ」のスタッフとして運営を担当している。


登校拒否をした奥地さん夫妻の子どもたちは、いま、どうしているのだろうか。

長男は、個性豊かな学校ならばと、私立明星学園中・高等学校へ進学した。ところが明星学園は、それまでの自由な教育から一歩後退しつつあった。

「私の目から見てもすでに荒廃していた学校を、長男は生徒会長をやって変えようとしましたが、彼の手に負える状況ではなかったんです」

高二の三月に長男は「中退したい」と言いだし、親子で学校に呼びだされた。

「十二人の先生たちが集まって、中退を思いとどまらせようと長男を説得したんですが、長男は『たった一年だからこそ、自分の納得のいく一年にしたいんです』と反論したんです。それを聞いて私もすがすがしい気持ちになって、子どもの人生は子どものものですからと言って、退学届を出してきました」

長男は、何をしようかと考え、何人かの人たちに相談した。だが自分の好きな科学を思いきり勉強するには、アマチュアでは限界があると判断、大検をとって京大理工学部に進学した。卒業のあと、東工大大学院に進み、いまは宇宙科学を研究する日々を送っている。現在、二十七歳の長男は、ドクターコースも五年目を迎え、国内、国外の学会を走りまわっている。

二十四歳の長女は、学校に行かない生活を始めてからは、しばらくのあいだ、千葉県松戸の自宅から東京・練馬にあった故八杉晴実さんの塾に通った。

「ところが私が東京シューレをスタートさせてからは、創設期をつくりだした子どもたちの一人になったんです。そのうちに本で知ったサマーヒルに行ってみたいと言いだしたんですが、当時、お金がなくて……。広島に住んでいる私の弟が〝足長おじさん〟になって資金協力をしてくれることになり、中三の春からイギリスに行ったんです」

長女は自由な教育ではあるが、創設者ニールのころとは違ってきている学園の雰囲気を二年間経験したあと、アメリカでの生活やデンマークにある十八歳以上の若者たちが参加する「国際自由学校」（I・P・C）に入学、たくさんの国際的な知人を財産にして帰国した。イギリスに行ってから五年、十八歳になっていた。

「当時、東京シューレが大きくなって、スタッフの手が不足していたときで、それから一年間、実によく支えてくれました。そのあと、東京工大の中沢研究室の秘書をしたり、設計事務所に勤務したりしましたが、いまはもともと好きだった太鼓を習ったり、舞踊大学へ二年間通いつづけるなど、マイペースで暮らしています。彼女のものを大切にする姿勢や環境問題を踏まえた生活の仕方は、私などはるかに及びません」

現在、二十一歳の次男は、長男と同じ小学校に通い、偶然にも同じ担任の受け持ちになった二年から、「学校に行かない生き方」を実践している。

「アウトドアが好きで、とくに釣りは夫に連れられて海に行ったり、一人で釣り堀に行ったりして、常連のおじさんたちに手ほどきしてもらい腕を上げました。夫が自宅でやっていた矢切塾で日常を過ごしたり、塾の友だちとキャンプに行ったりしていました」

十三歳から十八歳までは東京シューレに通い、熱気球づくりなど、さまざまな活動に参加した。なかでも「日米フリースクール交流」は、彼にとっては夢を実現するための一歩になった。

「交流は米国のクロンララスクールと東京シューレの、二つのフリースクールの子どもたちが、一カ月間、同じメンバーでおたがいに太平洋を渡り、ホームステイと国内旅行をして、交流しようというすごい計画なんです」

東京、広島、京都、ナイアガラ、ニューヨーク、ワシントンと旅をし、アパラチア山脈ではテント生活をした。

「次男が言いだし、実行委員長になり、資金は子どもたちの手ですべて集めたんです。次男はバイトで一カ月二十万円稼いでいましたが、シューレ生活最後の一年がかりのプロジェクトで、見事に夢を果たしました」

その報告書を出したあと、次男は東京シューレを自主卒業して、バイクに米、味噌、醤油を積み、北海道への一人旅に出た。いまから二年前、十九歳のときだ。

「戻ってきたときには財布に六百四円しか残っていなかったのが印象に残っています。それをきっかけに次男の行動半径はどんどん広がり、友人たちとネパール、マレーシアに行きました」

二十歳の秋には、アジア一人旅に出かけていった。韓国、中国、シルクロード、タクラマカン砂漠一周、香港、雲南省からベトナムに入り、ラオス、カンボジア、タイと、全コースを陸路で八カ月かけて回り、一九九六年四月に帰国した。全費用は旅費を含め六十万円。バイト、ギター、登山などをしながら、いまはゆっくりと骨休みをしている。

「私にはとてもできることではないと舌を巻いたんです。ともあれ、やりたいことを大切にして生きていってくれれば何も言うことはないという心境です。三人の子どもたちには大切なことをたくさん学ばされました。ふり返ってみますと、三人の登校拒否が、私の原点であり、すばらしい宝物であったと、心から感謝しています」

厚生、文科行政との闘い

奥地圭子さんは、厚生省が児童福祉法の一部を改正して、「教護院」を「児童自立支援施設」に改称し、入所対象を「家庭環境などで生活指導等を要する児童」にまで拡大するのは、結果として登校拒否児も入るのではないかと、見直しを求める運動を展開している。

　こうした事態が起きるのは、登校拒否など子どもたちが引き起こす問題に対する行政の認識不足がある。

「現在の日本の学校教育の焦点、課題となっているいじめ自殺、登校拒否は、成長途上の子どもたちが、生きたいんだけれど、生きる条件を奪われて、みずからの手で命を絶つということなんです。私たち大人がつくった教育状況のなかで起きるというのは、私たち大人にも責任があると思うんです」

　いじめ自殺問題では文科省も緊急対策会議を開いて、異例の速さで報告書をまとめた。

「いじめられる子に問題があるという言い方はやめて、教師は子どもの気持ちに立って解決することが大切だとか、前よりも前進した面もありました。しかし、いじめる子を厳罰に処すとか停学にするなど、取り締まりの発想が強化されています。そしていちばん肝心な、相手が死ぬことを考えるほど陰湿、長期的にいじめ倒す、そこへ追いこむ根源をつくっている子どもたちのストレスの根については、ほとんど目を向けていません」

　奥地さんは、子どもの自殺を止めるためにいまもっとも必要なのは、いじめにあったら学校を休んでいい、学校に行く成長の仕方もあるが、場合によっては、学校に行かない成長の仕方もあるのだということを行政が認める、そして学校だけでなく多様な教育の在り方を支援していく方策を打ちだすことが必要だと訴えるのだ。

「動物だって危険にさらされれば、危険から身を守るというのは、生きるうえで自然にやるわけです。ところが人間の子どもは、学校や学校での人間関係で、破滅するほどひどい目にあっているのに、その場から身を離す、危険から自分を守る自己防衛本能を機能させられなくなっているんです。なぜかというと大人が、いじめがあろうが学校に行くべきだという学校信仰を捨てていないからなんです」

こんなことがあった。男子中学生が、学校でいじめられて登校拒否気味になった。母親は担任教師に相談したが、「たいしたいじめではないし、お子さんはしっかりしているから大丈夫です」と担任はアドバイスした。

教師にいじめは見えにくいという認識が母親になく、母親は毎日、学校まで息子を送っていった。二カ月後、登校途中で息子が「お母さん、ここから帰っていいよ、ぼく一人で学校へ行けるから」と言うので、母親は喜んで帰ったが、夕方になっても帰ってこない。学校に連絡したら「登校してません」という。

翌朝、学校の校舎が見える裏山の木の枝に首をつって死んでいるのが見つかったのだ。

「このお子さんの場合、お母さんが登校拒否にさせてはならないと、毎日学校に送っていったために、悲劇が起きた。学校に行かず、家にいたら死んでいなかったと思います。学校を休む権利が奪われて、死ぬしか道はなかったわけです。自分の子だけは登校拒否になってもらいたくない。登校拒否になったら終わりだと考えている親が多いから悲劇が起きるんです」

一九九五年に東京シューレ十周年祭を開いたとき、二十代を過ぎたOBたち四十一人が集まった。

学校に行きなおした大学院生、外国の高校や大学に通っている者、職業訓練校や専門学校の生徒。学校に行かずアルバイトをし、正社員になって課長になり、中卒で二十一歳で月給三十四万円を取っている若者……と、みんな、さまざまな生き方をしているのだった。

「いろんな生き方をしているんですが、どんな状況に置かれても、ちゃんと育っていくことができることを目の当たりにしたんです。私の祖母は、髪結いとして生き、多くの人に感謝されながら九十三歳で亡くなりました。小学校二年までしか出ていませんが、人間としては立派に生き抜いたんです。その祖母が駆けっこではビリだった小学生の私に『気にしなさんな。回れ右をしたらお前は一等なんだから』と慰めてくれたんですが、まさにいじめ、登校拒否・不登校は、これからの新しい教育のあり方を示している、新しい芽だと感じています」

第3章　変わる親たち

子育てのコツは、子どものありのままの存在を受け入れることに尽きる。だが頭で理解できても、いざ実行となると、これほど難しいことはない。親自身が過去のさまざまなしがらみを捨て、ありのままの自分を認めることが必要だからだ。三十年間の教師生活にピリオドを打った鳥山敏子さん（五四歳）が始めた「賢治の学校」のワークで取り組んでいるのは、自分を変えようとする親たちの自立を手助けすることだ。休む暇なく全国各地を飛び回る鳥山さんに同行し、自分を変えようとする親たちの姿を追ってみた。

自分のことは自分でしてね

新緑がもえる宮崎市内で開かれた「賢治の学校」のワーク。三十人を超える母親たち、数人の男性の姿も見える。

体ほぐしの体操のあと、鳥山さんの「ワークをしたい方、いますか」という声に四十代の母親が前へ出てきた。

「どんなことが問題なんですか」

「小学四年の長男のことが気になって」

「それでは長男に、いつも言っていることをやってみてください」

ワークでは参加者の男性が長男になり、母親は、その男性に向かって語りはじめる。

「純君、自分のことは自分でできるようにしておかないと、大きくなって困るよ。ご飯食べたらお茶わんはそのままだし。書いたら鉛筆ほっぽりだしているし。片づける習慣つけとかないとたいへんだよ。着てるもの、脱いだらポイポイじゃないの。ちゃんと洗濯もののところに置かないと。もう四年生なんだから。二年生の恵子のほうがしっかりしているんだから……」

「言いたくないんだけど、つい言ってしまうんです」と、こぼす母親の姿に、参加者たちはハッと息をのむ。

「なぜ言ってしまうんでしょうね。今度はあなたの連れあいに言ってみてください」

母親は夫になってもらった男性に訴える。

「勇さん、ちゃんと朝早く起きてね。いつまでも寝てるんだから、もう。私も働いてたいへんなんだから、結婚した最初のころは、ちゃんと朝起きて、週三回ぐらいは朝ご飯作ってたじゃないの。だんだん甘えてきて、何もしなくなって……。自分のことはちゃんとしてね。洋服は脱ぎ捨てるし、靴下だってそのままなんだから、自分でちゃんと洗ってね。帰ってきたら、お酒しか飲まないんだから……」

母親が吐きだす言葉を聞いていると、家事育児を背負わされ悪戦苦闘している孤独な姿が浮かびあがってくる。

母親は家族の一員に仕立てられた人たちに、心の奥底に渦巻いている不満や思いを次々に吐きだしていく。

今度は四歳まで純君を世話していた姑だ。

「いくらかわいいからって、手取り足取りしたら、純のために、あとあとためにならないんですよ。あなたが甘やかしたもんだから、もう全然何もできないじゃないですか。初孫でかわいいというのはわかるんですが、それが孫のためにならないということが、どうしてわからないんでしょうね。そのために孫がよく育たないとなったら、孫がかわいそうじゃないですか。あなたの息子と同じじゃないですか。結局、純は勇さんの小型ですよ」

参加者は、母親の言葉に自分の姿を重ねあわせていく。

私を妹と比べないで

「私、ほんとうにどうしていいのかわからないんです」

その言葉を受けて鳥山敏子さんが、母親が育った家族のことを聞いていく。

母親は、妹と弟二人の四人きょうだいの長女。幼少期に父方の祖母と同居、初孫で祖母にかわいがられて育った。実母は、しっかり者だった。

「それでは、しっかり者のお母さんに言いたいことあったら言ってみて」

それまではポンポンと吐きだしていた母親だが、ワークで仕立てられた実母に向かうと何も言えなくなる。涙が流れてくる。やっと小さな声でぽそりと言った。

「お母さん、私を妹とあまり比べないでね」

声を詰まらせて泣く。

「涙が出てくるのは、あなたのなかに小さいときに傷ついた子が、癒《いや》されないままいる。その子が泣いている涙なんです。お母さんはどういうふうに、妹と比べていたんですか」と鳥山さん。

「私が、いま自分の子どもに言っていることと同じですね。ポイポイ脱ぎ捨てて片づけないとか、妹はちゃんとやったのに勉強の用意をしていないとか……」

参加者は母親が長男に言いつづけていることが、実は幼少期に実母に言われてきたことと同じだと気がつく。

「今度は、あなたが実母になって、実母が父親に言っていたことを再現してみて」

酒の好きな実父は、酒を飲むと実母から文句を言われ、何も言えずに黙っていた。

「いつまでも、そんなに長く飲んでると仕事に差し支えるよ。お酒だってただじゃないのよ。少し家計のことも考えてね。父親が酔っぱらうと子どもへの影響も悪いよ。もっとちゃんとしてよ。まったく、おばあちゃんが育てたから、こんなになったんだよ。男だったらしっかりしてよ」

こうしてワークを続けていくうち、実母は姑との関係をうまく保つために、じっと耐えている。実母が姑に言いたいことを、実は娘や夫にぶつけていたことが明らかになっていく。

そして娘である母親も、その実母の気持ちをくんで、祖母の機嫌を損なわないように。〝ばあちゃん子〟になって、かわいがられていたことに気づかされるのだった。

「あなたは、嫁と姑がぶつからないように、すごく気を使って生きてきたんです。おかげで、あなたの妹は自由に振る舞えた。あなたはお母さんにかわいがられたかったし、甘えたかった。でもお母さんからは、あなたは駄目だと言われつづけたでしょ。あなたはつらかったんです」

鳥山さんの言葉に、母親はどっと泣き崩れた。

「あなたが自分の思いを言おうとしても受け入れてもらえる関係になかった。あなたのなかに傷ついた子がそのままになっているから、自分の家庭でも親にされたことを、そっくり同じようにくり返してやっているんです。そういう傷ついた自分を認めて、癒してあげてください。いっぱい泣いていいですから」

母親は渡された座布団を自分に見立てて抱き締め「あんたは、たいへんだったね。甘えたかったんだよね」と声をかけながら涙を流しつづけた。

参加者もハンカチを目に当てている。

ワークに参加した人たちは、その後どう変わっていくのだろうか。

お前は孫を殺すのか

岐阜県・西濃の山村地帯で生活する好子さん（四〇歳）は、小学四年の宏君、二年の四郎君の二児の母親だ。鳥山敏子さんとグループ現代が共同制作した「みんなが孫悟空」という映画を見てショックを受けた。

映画は、鳥山さんらが指導して約百人の子どもと親が芝居「孫悟空」に取り組む。その練習中に親と子に起きたさまざまな動きをカメラが克明に追いつづけた記録映画だ。

「映画を見てると孫悟空役の男の子が、大きな声を出そうとしても出ない。父親が厳しいため子どもが畏縮してしまっている。母親がおかしいと気がついても、夫に何も言えない状態がわかってくるんです。そのシーンを見て私の家は夫には言えるけれど、じいちゃん、ばあちゃんには言えない。問題はうちの宏にもあるなと感じたんです」

一九九五年春。岐阜県内で開かれたワークに参加した好子さんは、日ごろ気になっていたことを鳥山さんに打ち明けた。

「私は子どもをたたいて夜遅くまで宿題させてるって話したら、『それは幼児虐待ではなく拷問じゃないの』と鳥山さんにしかられて……」

翌日、好子さんは宏君にやっていることをワークで再現させられることになった。

「私は朝、宏が学校に行った時点で、今日の宿題のこと、何時に寝れるのかなと考えながら、子どもの帰ってくるのを待っているんです。それまでに夕飯の支度をして、帰ってきたら宏のそばに付きっきりで勉強を始めるんです」

二歳下の四郎君は、すぐに宿題をやって遊びに出かけるが、宏君は終わらない。

「私が『やれ』と言うもんだから、いやいややるんで進まないんです。友だちから電話がかかっても『勉強が終わってから』と断るんですが、終わらない。結局、夕方のお帰りチャイムが鳴っても遊べない。ご飯を食べると眠くなるから食べさせない。おふろにも勉強が終わるまで入れない」

弟の四郎君は祖父母と一緒に夕飯を食べて、おふろに入れてもらい寝てしまう。

「九時、十時になると、私もパニック状態になって机やほっぺたをたたいたり、きつくなる。宏はエーンと泣き、助けを求める。すると子どものSOSだから祖父母が出てくる。今度は私が泣くんです。『ほら、あんたが泣いたから、お母さんがしかられるでしょうが』って。どっちが泣くかの競争なんです」

こんなこともあった。

「祖父が『なんでそんなにやらな、いかんね』と。『学校に見放されたら、この子は駄目なんですからね』って。私が言うことはそれしかないんです。『お前は孫を殺すのか』って。『それなら私、この子を連れてよそへ行きます』と言って宏と家を飛びだしたこともあるんです」

そんな生活を弟の四郎君が小学校に上がるころから続けてきたのだという。

好子さんが、それほど宏君の勉強が気になったのには理由があった。二歳年上の夫とは見合い結婚したものの、子どもができず、不妊治療に通ったりした。一度流産したあと、長男が誕生したが、生後三カ月で心臓病で死亡した。

「三番目に生まれたのが宏で、心臓が少し悪くてお医者さんから『もしかしたら知能が遅れるかのころからやってきたんです」
もしれない』と言われたんです。普通の子以上に勉強させないと駄目だと、働きにも出ず保育園

よみがえる幼児期

小学四年の長男、宏君に付きっきりで勉強させてきた好子さんは、鳥山敏子さんのワークのおかげで、想像もしていなかったことに気づく。

「鳥山さんに『小さいころはどんなだったの』と聞かれて、私は、弟が『うちはおれが高卒で、姉さんが短大なんだ』って言って、へんだなあと思っていたこと。母が私のことをよく面倒見てくれたこと。『掛け算の九九ができないうちは、外へ出ては駄目よ』と言われたことを次々に思いだしてきて、ああ、いまの私と一緒だということになって……」

「小さいときにいちばんつらかったことは何ですか」と鳥山さんに言われ、好子さんは幼少期の思い出が糸をほぐすようによみがえってきた。

「あるとき、4と5の通知表に3が一つ付いたんです。お母さんに申し訳ない、怒られるという気持ちがあって、家へ帰っても玄関に入れない。それで家の周りをぐるぐる回って、暗くなってやっと玄関の戸を開けて『お母さん、ごめんなさい』と言ったら、『通知表で3なんかもらう子は人間じゃない』みたいに言われて、『これから頑張るから許して』と言って入れてもらえたん

です。それから私の母は私に付きっきりで勉強を教えてくれるようになって……」

好子さんの実家は、呉服問屋だったが、祖父は、女は賢くなると結婚相手が見つからないから高卒でいいという考えの人だった。

「母は勉強が好きで、大学へ行って勉強したいと思っていたけど『女は大学へ行かなくていい』と言われ、とてもショックだったらしいんです。私の本棚の教科書が少しずれていたので、お母さんに聞いたら『あんたの教科書で勉強していた』と。とてもいやだったことを覚えています」

高校受験のときも、同級生は公立高校の滑り止めに私立も受けるのだが、好子さんは受けさせてもらえなかった。

「それをすると油断するからということなんです。その分で好きなものをと、ステレオを買ってもらったけど私は悔やしくて。いま考えてみると近所の人に『私立を受けなくてもあの子は大丈夫』と自慢したかったんですね。私は母の代理をやっていた。『成績がよくなきゃ駄目、よくて当然』と。だからどれくらいの成績なら母が満足するのかわからず、必死だったんです」

母親の関心が好子さんに集中する分、弟は逆に自由だった。好きな趣味を生かして、板金《ばんきん》の仕事をしている。

「短大も私は私立に行きたかったのに公立が最初に受かり、偏差値が高いので、結局、そっちに。私、母に反対できないんです。『あんたは私の子だから、頑張って』と。だから学校に行って何かをしたいのではなく、常に私は親の期待にこたえるため一生懸命勉強させられたんです」

短大を卒業して会社に入ったころから母親に対する逆襲が始まった。

「やっとお金も体も自由になったということで私、遊びまくって。日曜日には必ず遊び、夏は海、冬はスキー、お財布が空になるまで遊んで、貯金ゼロで怒られて、それで結婚するまでに百五十万ためたんです」

農村地帯は結婚すると花嫁道具を近所の人に見せる風習がある。好子さんが新婚旅行中、運びこまれた花嫁道具を見にきた人は驚いた。タンス二棹に、ぎっしり着物が入っていた。母親のみえが、そうさせたのだ。

干渉が〝虐待〟と気づく

鳥山敏子さんのワークが終わるころ、好子さんは「自分のやっていることが幼児虐待で、母親から受けたのと同じことを今度は息子にくり返している」と受け止めることができた。

「母と同じなんです。宏の病気を隠して、普通の子だと見てもらいたいために『勉強やりなさい』と言っている。鳥山さんに『でも、ほんとうに、宏のためなのかな』と問われて……。『そうじゃないよね。あんなにいやな勉強のために、四、五十分も我慢して教室にいることすらたいへんなのに……。帰ってきて、楽しいはずの家で、また勉強では、いる場所がなくなっちゃうじゃない。下の子は放りっぱなしで、どうなっちゃうの』と。どうもおかしいと、うすうす感じていたんですが、何がおかしいのか分からなかった。子どもの気持ちを受け止めず、すべて私の気持ちだけでやっていた間違いに気がついたんです」

ワークが終わったら、体が軽くなっていた。帰宅した夜、好子さんは夫にこれまでの事情を正直に話して「私が間違ってたと思う」と謝った。自分の家族のことや生い立ちも説明した。

「夫も、夫なりにしがらみとか、世間の目とかもあって、私と思いは同じだったと。『やっぱり、宏はおれたちの子だ。一緒に変わろう』って分かってくれて、それで私も変わったんです」

勉強を付きっきりで見るのも次の日からやめた。

「宏に『もうやめた』と言って。『お母さん、先生にいろいろ言われて。宏ちゃん泣かせたけど、四郎君と一緒でいいよ』って。意味が分かったのか、『友だちと約束して遊んでいいんだね』と言うのが、すごい新鮮だったですね」

それまではいやいやながらやっていた宿題も、時間はかかるけれど積極的に取り組む姿勢を見せはじめた。

「宏が先生に『ぼく、ここまでしかできないけど、これでいい?』と電話して聞くんです。私が変わって、宏も変わって、やる気というのはこういうものかと思うぐらい積極的になって。自分の遊びたい時間に遊んだら、子どもは切り替えてやるんだなと分かった。自分もワークのおかげでみえもなくなって、周りのものを取っ払ってしまうとこんなに楽になるのかという感じで。自分の好きなテニスや趣味の染色を始めたんです」

前は常に弟と比較していたが、宏君は勉強はできないが、いいところもある。少しでもいいところがあればいいいんだと思えるようになった。

「先生から『特殊学級へ行かせてください』と言われたらたいへんだと思っていたけど、いまは宏が決めればいいいと。宏がいやだと言ったら、『いやだと言ってますから』と普通学級に通わせればいい。強くなれた。前は宏のいるおかげで不幸のどん底だと思っていたけど、いまはいろんな友だちに会えて幸せ者だと……。前は駄目って、蹴ちらしていたけど、いまは、ほんの少しの頑張りでもうれしいの」

宏君は、近所の家の瓶集めとか、人のために何かをすることが楽しいという。

「ほかの子どもたちが遊んでいても『ぼくやってあげたよ。だってあの人喜んでたもん』って。一ミリでも一センチでも、宏のいいところが見えるようになったんです」

私はアダルトチルドレン

「実は私には三人の子がいるんです。十六、十二、九歳で、男、男、女……と。子どもを産んで、子どもが言葉を私に返してくるでしょ、最初の子が一歳のとき、初めて自分の小さいときのことを思いだしてきて……」

ＪＲ佐賀駅前のホテルレストラン。約一時間かかって県内から車を運転してきたという昌子さん（四五歳）は、一九九五年春に鳥山敏子さんのワークに参加、自分の抱えている問題が何で、それにどう気づき、自分がどう変わりつつあるかを具体的に語りはじめた。

「育児書を読むと、子どものために読んでいるのに、いつの間にか私の子ども時代に『うちではこうした、ああした』と、忘れていた記憶がよみがえってきた。三人の子のおかげで、怖いから考えまいとしてきた自分の生育歴がワーッと噴きだしてきたんです」

ショックだったのは、長男が三歳のとき、昌子さんに反抗したことだ。

「ばかから始まって、保育園なんか行きたくない、ぼくを大事にしない、とか機関銃のように文句を言ってきた。それを聞いて『あっ、これを私が親に言いたかったんだ』って思ったんですね。子どもが何か言ってくれることで私が癒され、気づかされ、私の子ども時代を取り返した感じになる。私、典型的なアダルトチルドレン（ＡＣ）なんです」

最近、アダルトチルドレン（ＡＣ）という言葉が流行、『現代用語の基礎知識』や『知恵蔵』にも一九九六年版から登場している。

ＡＣは、アルコール依存症の父親とか、夫婦げんかが絶えない、厳格すぎるなど、いわゆる家族機能が失われた家庭で育ったため、子ども時代に受けた心の傷が大人になっても消えず、生きづらさを感じている人たちと言ったらよいだろう。

病気とか、親が悪いと決めつけるための用語ではなく、ＡＣということで、こうなったのはすべて自分の責任だと思い詰めている呪縛《じゅばく》を解き放ち、自分を見つめなおすことに役立つ〝考え方〟として注目されつつある。

　昌子さんの問題は何だったのだろう。

「私、幼稚園へ行って歌を歌ったとか、帰るときに先生が頭をなでてくれた記憶はあるんですが、小学一年からは何もない。入学式も覚えてない。その後、わかったことですが、ものすごい夫婦げんかが始まった時期と、ちょうど重なっているんです」

　大地主の家に生まれた昌子さんの父親（八一歳）は、若いころ満州に渡り、徴用されて敗戦。帰国したものの農地改革のため土地がなくなり、酒店を始めた。小豆や石炭などのマネーゲームに手を出して失敗、借金をつくった。

「七十四歳になる母は、大地主の跡取り息子だということで仕方がなく見合い結婚して……。夫婦げんかがすごいんです。父はアル中で、気に食わないと食事中におぜんをバーンと引っくり返したり、ものを壊す。それがいつ始まるのかわからない。だから父が帰ってくるのがいやでいやで、引っくり返されないうちに早く食べて片づけよう、そればかり考えて……。不安と緊張感で、私、ご飯をおいしいと味わって食べたことないんです」

　ガチャーンという音と同時に母親は脱兎《だっと》のように逃げる。後始末は取り残された三人の子どもたちの役割だった。

幼稚園から代理妻・代理母

激しい夫婦げんかの絶えない家庭で育った昌子さんが、その事実を話せるのは鳥山敏子さんのワークのおかげだ。

「初めは傍観者としてワークを見てたんです。父親が遊び人で、母親が商売の切り盛りして、姑にいじめられているというケースで……。『これが女の生き方よ』という鳥山さんの姑役の挑発に『そうじゃない。だれにも支配されず自由に生きたい。お前、死ね』って叫びながら私、出ていったんです」

鳥山さんに「お父さん、お母さんがいたから、あんたが生まれたのよ。その親に向かって死ねと言うの」と言われ、いっそう激怒した。

「気がついたら泣きわめいていて『だれが産んでくれって頼んだのよ。生まれてきて一回もよかったと思ったことないんだから、だれが感謝するもんか』って半狂乱状態で。ふっとわれに返って、ああ、私はこんなふうに心の底で思ってたんだと、自分で自分の言葉にびっくりしたんです」

アダルトチルドレン（ＡＣ）の多くは「いい子」だ。そのために自分の欲求や感情を殺して生活する。

昌子さんは姉と弟と三人きょうだいの真んなか。母親が死産、流産を三回もくり返し、戸籍上は姉が四女。

「本家なので男の子が欲しかったらしく、母は弟を溺愛《できあい》して、私は呼び捨てなのに、弟は『……君ちゃん』と呼ぶんです。姉に逆らったり弟を泣かすと怒られるのでけんかはしない、母の気に障ることはいっさいしなくなったんです」

逆に母親の気に入られようと、幼稚園のころから朝早く起きてまきを割り、ご飯を炊いた。庭や玄関、おふろの掃除、そしてふろをわかすのも昌子さんの仕事。

「当時は石炭ぶろで、どうやって石炭をくべたのか覚えていないんですが、『あんなちっちゃい子が、よくやるね』って言われるくらいの〝いい子〟でしたね」

母親の顔色や父親の機嫌を気にしながら「いい子」を続けていると、いつの間にか自分の感情や欲求が何だかわからなくなっていく。

「幼稚園時代から私、代理妻、代理母役をやっていたんです。父が酔っぱらって帰ってきて、もどしたのを処理したり……。母は『見るだけで私、もどしそうだからあんたやって』みたいな感じで。『お母さんの仕事やろ』と言えなかった。何か言うと、それが引き金になって夫婦げんか、それだけは避けたかった。父が暴れるのも怖かったんです。『いやだ』と言ったことはありません」

夫婦げんかの原因は、ささいなことだが、根っこには母親が自由に自分のままに生きられない不満、そして姑との関係の悪さが渦巻いていた。

「母はいつも愚痴をこぼしていたんです。『結婚したくなかったけど、後妻さんとも折り合いが悪いし、父親も働かないので行くところがなかったのよ。嫁ぐらいしか居場所がなくて、来たら来たで姑とうまくいかないし……』と」

不満の渦は一世代だけで終わらず、その波紋は次の世代をのみこんで広がる。

両親の夫婦げんかは、昌子さんが小学五年になるころから少なくなってきた。

「高度経済成長でもうかってきて、父は遊び人だからマージャン、ゴルフ、釣り、酒と遊びほうけて、夫婦げんかに手が回らなくなってきたんでしょうね」

言うまい、感じまい

ワークに何回か参加するうち、昌子さんは、人間が生きるうえでいちばん大切なこと、つまり自分の感情や欲求をどこかに置き忘れてきたことに気がつきはじめる。

「どうも人と違うと思ったのは高校に入って、友だちができて話すようになってからなんです。友だちと遊びに行っても楽しくない。『あそこがおいしいから』と、一緒に食べに行ってもおいしくない。私、自分の感情にフタをしてしまっていたんです」

感情にフタをしなければならないほどの心の傷とは何なのだろうか。

佐賀の場合、県立高校は西、北、東とはっきり偏差値でランク付けされている。姉と弟はトップの佐賀西高校だ。

「私は北高受けると言ったら母は『西高受けなさい』と。しかし私は夫婦げんかが気になって勉強どころじゃない。それで北高を受験して合格したんです。『やったあ』と感激して『受かったよ』と母に言ったら『みっともない。北高に行くのでさえ恥ずかしいのに、そんな大きな声出すんじゃない』と怒られて……」

昌子さんは中学時代からブラスバンド部に入り、クラリネットを吹いてきた。高校でも朝練、夜練と練習したおかげて、三年のときには九州大会で優勝した。

「よし、これで身を立ててやろうと母に『音大に行きたい』と言ったら一笑に付された。一緒に吹いていた私より下手だった子が音大に合格したんです。その悔やしさ。やっと自分を取り戻しかけたのに。そのときから私は感情にフタをしてしまった。自分のしたいことは言うまい、感じまい、みじめになるだけだと……」

クラリネットは、それから吹いたことはない。捨てることもできず、押し入れの奥にしまったままだ。

「鳥山さんのワークで、自分だけが犠牲者だ。やりたいことさえもわからない人間に育てられて、親の面倒を見つづけなければならない。そういう社会構造にこそ問題があると思えてきたんです」

姉や弟は成績がよかったため大学に進学、姉はキャリアウーマン、弟は会社役員だ。だが二年に一回、正月に実家を訪れるだけだ。

「私は祖母の求めに応じて短大に行ったんです。というのも祖母は母の継母で、お茶の先生なんです。母はその継母が怖いから、私にお茶を習いに行かせることでご機嫌とりを私にさせたんです」

そのうちに祖母は昌子さんを養女にしたいと言いだした。下宿して短大に通わせ、卒業したらお茶の助手にするという条件だ。

「私がいやだと言うと、また夫婦げんかなんです。それで仕方なく下宿して短大に行って、お茶の助手はいやだから就職先も決め、報告に帰ってきたら、父が烈火のごとく怒ったんです。『酒店はだれが継ぐんだ』って。驚きましたね。『姉も弟もいるでしょ』と言ったら、母が忘れもしない、こう言ったんです。『出来のいいやつには酒店はやらせられん』って」

昌子さんは酒の配達から集金と、一生懸命に働いた。いまから約二十年前。世の中は景気がよく、何をしてももうかった時代だ。

「そうこうするうち夫と知りあって。店でバイトしていた人で、一目見たとき、この人と結婚するんだと。ところが両親が猛反対したんです」

あんな親になりたくない

昌子さんが夫に選んだ相手は、中卒だった。昌子さんの家と同じように両親の夫婦げんかが激しく、それがいやで中学を卒業後、家を飛びだし一人で生活してきた。

「母は『あんな中卒の男と結婚させるためにお前を産んだんじゃない』とか『中卒の男と結婚したら弟の嫁さんのきてがない』と、猛烈に反対してきたんです。そのときだけ両親は仲良くなって」

すったもんだのあげく、両親は「許してやるから店をちゃんとせえ」と、条件付きで結婚を認めた。

「考えたらひどいですね。娘の幸せではなく、自分たちの生活のために許したわけで。私も、それを利用したっていうか、生まれて初めて自分で決めたことだから、結婚の失敗は許されないと……」

夫の母親は離婚し、再婚した相手はアルコール依存症。母親は「金を貸して」と夫に度々、電話してきた。一度は百万単位の金を渡した。

「そんなことが四、五回あって。ある日、電話で夫が母親に『いい加減にせんか。この前で最後と言っただろう』と怒鳴ったのを聞いたんです。私にとって親は絶対に従わなければならない人だから、逆らったらどうなるかが怖くて、体がガタガタ震えた。夫は、そうやって親と自分とのあいだに境界線を引いたわけですが、私はできないんです」

酒店の商売でも、昌子さんの考えや方針はなく、常に父親の目が頭のなかにあった。

「夫と一緒に仕事をして、夫が提案しても『そんなことしたら、父が怒るから駄目』といった調子で……。だから三人目の子どもができてから、夫は仕事が終わったら青年会議所の活動に熱中して、八年間は母子家庭同然になって……」

アダルトチルドレンの特性の一つは完璧《かんぺき》主義だ。自己評価が低く、自尊心を損なわれているから、すべてを完璧にしようとする。

「子どものことを私がすべて抱えこんで、育児に夫を参加させない。夫にすれば居場所がなかった。それなのに『あんたはかかわってくれない。離婚したい』と、犬の遠ぼえのように責める。ワークに参加して、そうした自分の行動は、父と母との関係がそっくり私に投影されてることに気づいたんです」

昌子さんは、知らず知らずのうちに親に支配されてきたように、今度は夫だけでなく子どもたちまでも支配しようとしていたのだ。

「あんな親のようになりたくないと心では思っていたのに、気づいてみたら同じことを私がやっていた。驚いたんです。私のようないやな思いは私だけでたくさんだ。子どもにだけは同じことをさせたくないと、親子ワークに夫と三人の子どもを引っ張りだしたんです」

その親子ワークは、九六年三月に神奈川県の逗子で開かれた。

ワークで鳥山さんは「夫に言いたいことを言いなさい」と昌子さんに指示した。

「あなたは私からいつも逃げる。私が話しかけると寝たふりして……」

夫は「だってわからんことはわからん」と応じた。

こんなやりとりが続くうち、夫は「あんたのように、いつもギャアギャア言って、どうせあんたは気に入るような返事をせんと納得せんやろう」と、本音を出してきた。

「そしたら下の子がトコトコって夫のうしろに回って、まとわりついて、機嫌とってる。そして二人でペタッと寝ちゃったんです」

私、迷ってる

いちばん下の子が父親の機嫌をとろうとまとわりつくのを見た鳥山敏子さんは「お父さんと同じ気持ちの人、うしろに行って」と言った。

その声で参加者の男性の大半が、夫の側に。そして夫に代わって「よかやんか。幸せならば」「ぐちゃぐちゃ言うなよ」と言いだした。

「その言葉を聞いて私、頭にきて叫んだんです。私一人がいけにえになるのはいやだ。自分らしく生きるために、子どもたちは思ったことを自由に言い、やりたいことをやることが大切だと。

それを私は守ってあげたいと。『守ってやってるよ』と夫が言ったら、二男が泣きだしたんです」

鳥山さんが「お母さんに言いたいことを言ってみて」と言うけど、二男の声が出ない。そこで参加者が二男に代わって「いつもいい子してなきゃいけないの、たいへんだよ」と。

「それを聞いた二男がぼそっと『親なら、ちゃんと育てろよ』と言ったんです。それで私も『これで精いっぱいなの。私にこれ以上求めないで。でも私が怒ったからって、気にしなくていいの。お利口さんを演じることはないのよ』と、私の気持ちを伝えたんです」

安心したのか子どもたちは「お父さん、お母さんと遊びに行っても楽しくない」「楽しいふりしてるんで、あごがくたびれる」と、次々に思っていることを口にした。

「頭にきた夫が『じゃあ、どうすればいいんだ』って。『自分も親に大事にされてなかったから、どうしたらいいのかわからない』と。それから夫のワークが始まって、夫が中学を出て家を飛びだしたのは、家に居場所がなかったからだとわかって、夫も自分の問題に気づいたんです」


ワークから戻った昌子さん一家は、どう変わったのか。

「不思議なことに二男が登校拒否を始めたんです。それまでは親に怒られるから我慢して学校に行ってたんですね。いまは職員室登校で、好きなときに学校に行って教頭先生と遊んでるんです」

昌子さんも変わった。二男の職員室登校が気になる親たちが騒ぎだし、電話をかけてきて

「ちゃんと行かせなさい」と責める。保護者会にも呼びだされた。

「ほかの子どもたちも教頭先生と遊んでもらいたいんです。それで親は『登校拒否はうつる』『教頭先生と遊ばせるのはおかしい』って。前だったら、必死になって二男を学校に行かせようとしたんですが、私は『不満があるなら教頭先生に言ってください』と、言えるようになったんです」

子どもたちも変わってきた。いやなことはいやと、気持ちを正直に出すようになった。

「夫婦げんかをしても、以前のように機嫌をとろうと寄ってこなくなり、自分たちの部屋で好きなことをしています。私が親にしたように子どもたちもずいぶん、気を使ってたんだなあと実感しました」

だが昌子さんは、両親との関係をどうするか、酒店をやめて自分たちでやりたいことを始めるかで悩み苦しむ。

「私も初めて父に思ったことを言ったんです。そしたら父が『気分が悪い』って、口から食べたものを吐いて拒否反応を示したんです。ずるいと思いましたね。母も骨折したり、父は胃が痛いと言って弱みを見せる。いま、逃げないと骨の髄までしゃぶられる。私、迷っているんです」

教師生活のうらみが噴出

愛知県で十四年間、小学校の教師をしてきた麗子先生（四〇歳）は、一九九五年の冬休みに「賢治の学校」の教師対象のワークに参加した。

「当時の私は、教師を辞めるかどうかの問題を抱えていて、辞めるためにも自分のなかの怒りをはっきりさせたいと思っていたんです」

参加者は鼻にプラスチックの赤い玉を付けてクラウン（道化）になり、それぞれが舞台に出て、参加者を笑わせる演技をするなかで、深層心理を確認していくのが狙いだ。

「人を笑わせることを最低十個、考えてくるのが課題で、道具に金属バッドは高いから木製のバッドを持っていったんです。ストーリーは漠然としていたんですが、とにかく教頭をめちゃくちゃに殴りたかった……」

教師生活で澱《おり》のようにたまったうらみ、つらみを、クラウンのワークで吐きだそうというのだ。

なぜ教頭なのか。

「職員会議でも、授業でも私、ひどい目にあって。とくに指導主事訪問のときの教頭の態度が許せなくて……」

年一回の指導主事訪問は、学校あげての一大行事、見せる授業づくりに必死になる。

「私は三年の担任で、二年で『どうしてぼくたち生まれたの』と、具体的に胎児のことは教えるけれど、性交は説明しない。ところが賢い子は質問してくるので、いまの子どもにはごく当たり前のこととして性交を教えたいと思って、提案したんです」

学習指導要領では性交は中学校での領域。「早すぎる」と反対の声もあったが、三年担当の教師たちは「皆で取り組もう」と、教師全員参加の四十五分特設授業で、麗子先生が担当することになった。

「校長は、事前に出していた指導案を見ていたはずなのに、前日になって性交は学習指導要領にないことに気づいて、教頭に『お前知ってたか』と……。しかし変更するわけにいかず指導案通りやった。そしたら反省会のとき教頭は『これは教師一人の勝手な授業です』と責任転嫁の説明をして逃げたんです」

それだけではない。

教頭は改革と称して形式的な会議を多くしたり、教育委員会が指導要録の評価の仕方を変えるよう指示してくると、先取りして通知表も同じようにしろと要求。意のままにならないと、〝ごますり教師〟を何かにつけて登用しはじめる。

鼻に赤い玉を付けてクラウンになった麗子先生は、金属バッドならぬ木製バッドを振りかざして「この野郎！」と怒鳴りながら舞台に出た。

「もっとガーッと怒れるかと思ったら、教頭よりも校長の顔が浮かんできて『校長、許せん』って。『人には偉そうなこと言って、自分は何してんだ』と……」

クラウンのワークに参加したのは約二十人。大半が教師だが、麗子先生の迫真の演技に「あんたがまじめすぎるのさ」などとヤジを飛ばす。

「私は『学校の枠から出ようとすると、寄ってたかって攻撃してくる』『学校は檻《おり》だ』と叫んでいるうちに、そうだ、その檻の壁をたたき壊したかったんだと気づくんですね。しかしバッドで壁を壊そうとするけれど壊れない。ほとほと疲れて、『みじめ。私は駄目です。神様にすがるしかない』って言うと、みんなが笑う。仕方がないから『私を助けて』って参加者の手を握りにいったら、みんな泣いていたんです」

学級通信、毎日出すな

麗子先生は私大の社会学科を出て、東京都内の区立児童館で三年間働いた。

「友人も教師になった人が多く、私も教師をやりたいと通信教育で小学校教師の免許を取って、埼玉、神奈川県の教員試験を受けたんですが駄目。愛知に来たんです。当時も『愛知は管理教育がひどいから行くな』とみんなから言われたんですが……」

新任地は大府《おおぶ》市の小学校。三年生を受け持った。

「もう、ほんとうに驚きの連続で。新任のあいさつで『私は皆と遊びたいんです。遊ぶことを仕事にしてたから』と言ったら、『ここでは学童保育してたなんて言っちゃ駄目。アカと見られるから』って同僚に言われたんです」

いちばん驚いたのは、日教組主流派といわれている愛知県教組の体質だった。麗子先生は、日教組に加入するかどうかは、学校の雰囲気がわかってからでも遅くないと考えていた。

「赴任して二、三日後に支部長が来たので『考えます』と言ったら『何言ってるんだ。あんた、そんなこと言ったらアカだと思われるよ。入ってない人は皆、アカなんだよ』。『エーッ』と、何がなんだかわからなくなって……」

次第にわかってきたことは、愛教組の組織率は高いが、支部の書記長ポストは教務主任などがやり、次は教頭という管理職への登竜門的色彩の強いポストになっていた。

「組合だから集会開いて『何か困っていることありませんか』と聞いてきますよ。一応は。信用して『実は、こういうことが……』と上司のことを言おうものなら、全部、校長に筒抜けになる。そういう組合だったんです」

それでも麗子先生は、やりたいと思っていた学級通信を出した。「親との協力関係なしには、まっとうな教育はできない」と思ったからだ。

「当時は主任のＯＫが出れば何を書いてもよかった。始業式の次の日も、子どもたちの様子を書いて主任に見せたら『あんたは若くて家庭もない。私は家庭があって時間がない、仕事が多い。あんたみたいに毎日出されると親から責められて困る。やめてくれ』と露骨に頼んできたんです」

夏休みに民間教育運動の研究集会が開かれた。参加するかどうかで話しあっていると主任が「おいおい、こういうのは絶対行くんじゃないよ。アカがいて、ここに行くとブラックリストにチェックされるぞ」と言ってきた。

いちばんつらかったのは一年ごとのクラス替えだ。名古屋市内は二年交代だが、知多管内は全小学校が例外なく一年でクラスをバラバラにして、担任を交代させていた。

「子どもの顔は一から覚えなきゃいけないし、親との関係も一年どまり。結果は建前だけのよいクラスをつくることになってしまう。表面上は静かで、整理整頓《せいとん》ができて、みんなが手を挙げ、きちんと運営されるのがよいクラス。自分をさらけだして、ありのままの自分でいられるクラスなんてとてもできないんです」

結局、教師は一年間、子どもたちを無理やり押さえこんで静かにさせていればいい、と管理を強化せざるを得ない。

「押さえこみは一年が限度なんです。だれがやっても同じことを求められる、テストも掲示物の張りだし方まで統一されて。すべてみんながやることで正当化される。最初の一年で『ああ来るべきじゃなかった』と思いました」

頑張りすぎて二年休職

麗子先生は、愛知県の教師になるとき結婚の相手を決めてきた。児童館に勤務中に友だちの紹介で知りあった人で、当時、勤めを辞めて私大の夜学部で学んでいた学生だった。

「結局、私が愛知に来て二年目に結婚して、夫は愛知で就職して、三年目に子どもができたんです」

朝は七時に家を出て、子どもを保育園に預けて出勤した。サラリーマンの夫の帰宅は夜の十一時ころ。麗子さんは帰宅すると子どもをおんぶしながら家事をし、学級通信を書き、授業の準備に追われた。

「自分のやりたいことが思うようにできない。仕事は細かくなっていく。教務主任が管理を強めてくると、下は評価を高めようと目の色をうかがい自主規制をしてしまう。仲間を信頼できなくなり私は孤立してくる。実家に戻って塾をやろうと、四年目に辞表を提出するんです」

いったん退職届を出したものの、麗子先生は悩む。

「これは逃げだ。ほんとうにやれるだけやったのか」という自分に対する問いかけで、夜も眠れなくなった。

「それで校長に辞表を撤回したいと言ったら『いまさら何を言うか』と相手にしてくれない。仕方がないので教育事務所に直訴したら、学級増になった知多市の小学校に回してくれたんです」

知多市の小学校に勤務中に妊娠。産休と育児休暇を一年二カ月とって通算二年で東海市の小学校に転勤した。

「何かやらねばという意識が強くて辞表を撤回したわけだから、頑張りすぎちゃうんです。完璧《かんぺき》主義で手抜きができなくて……」

たまたま夫がサラリーマンを辞めて独立するため無職の状態で、三歳と一歳の育児を任せることができた。

「朝は四時に起きて家事をして家を出て、土、日も学校に。要領もわかって、最低限のことをやったうえで、自分のやりたい授業をして。おもしろかったんです。ところが次の年に教務主任が厳しい人になって。提出物の期限は何日の何時とか、通知表を下書きさせて文章表現まで直す。力の弱い教師を攻撃するところがあったので、絶対に負けたくないと頑張りすぎるんです。気がついたら子どもがぜんそくになっていたんです」

悪いことは重なるもので子どものぜんそくで落ちこんでいるときに、国語の公開研究授業があり、その教務主任に厳しく批判された。

「それからは悪いことばかりが思い浮かんで、朝起きて学校のことを考えると『また今日も失敗するんじゃないか』と。子どものぜんそくは、精神的に何かを訴えている感じがして自信喪失になってしまったんです。学校に行けなくなって、気がついたら川のほとりにいたりする。月曜日の朝、朝礼でみんなの前で立つことができなくなって……」

精神科に診てもらったら「休養するほうがいい」と言われ、二年間、休んだ。

「そのとき民間教育研究グループの『全国ひと塾』で鳥山敏子さんに会い、何回かワークに参加しているうち自分がいかに人の目を気にして生きてきたかを指摘されたんです。こうあるべきではなく、いまを生きる大切さ、いやならいやとはっきり表現することを学んだんです。学校でも周りが自分をどう見るかという意識がすごく強くて……。だから自信がなくなったんだなと思ったんです」

私は囲いのなかの豚

職場に復帰して四年目の麗子先生は、一九九五年十二月末の「賢治の学校・冬の大会」で、「豚になってみる」ワークに参加して、ハッとした。

賢治の作品「フランドル農学校の豚」を読んだあと、参加者の一人が、物語のなかの処理場に引かれていく豚になった心境を語ったときのことだ。

「豚になった人が『この囲いから逃げても、外がもっといいという確信が持てなくて不安だ。囲いのなかのほうが、慣れ親しんでいて、居心地がいい』と言ったんです。それを聞いて、学校に不満を持っていながら抜けだせない、いまの私と同じじゃないか、私は囲いのなかの豚だと思うと涙が出てきたんです」

鳥山敏子さんのワークを受けるため麗子先生は参加者の前に出た。前にも「学校が楽しくないなら辞めればいいじゃない」と言われていたのに、辞められない原因は何なのだろう、と。

「ワークで明らかになったのは、厳しい母の下で、親が望むこと、親が喜ぶことをやろうとする自分が浮かびあがってきたんです」

麗子先生の父親は八人きょうだいの六番目。ひとり息子で姉五人、妹二人に挟まれて育った。両親から溺愛された村一番の秀才。毎年、首席を通し、銀行マンになったのが祖母の自慢のタネだった。

「その祖母がお嫁さんを探し歩いて、働き者の、家によい娘がいると見初められたのが私の母。だから家のなかは祖母と母との緊張関係がいつも漂っていて、母は祖母の目を気にして暮らしていたんです。私は常に祖母から父の子どものときと比較され、『お父さんはもっとよくできたよ』と言われながら育ったんです」

麗子先生も「よい子」に徹した。自分が何をしたいかではなく、自分が何をする必要があるか、母親の顔色を見て何をしたらしかられないか、周囲の様子から自分がどう振る舞うことが望ましいかを最優先させた。

表面的には「よい子」だが、一皮むくと自分がない、自我を確立できないまま成長してきたのだった。

「私は大学で、ほんとうは人間はなぜ生きるのかといった哲学を勉強したかった。でも親に『哲学を勉強しても仕事はない』と言われ、仕方なく社会科学にしたんです」

麗子先生は常に自分でやりたいことを抑えてきた結果として、いやなこと、つらいこと、やりたくないことでもやれてしまう習性を身につけてしまっていたことに気づく。

「教師になってからもそうなんです。いつも要求されたことに応じる体で仕事をしてきた。私が教師になったのは中学時代に学ぶこととは何かに疑問を持ち、自分なりに教師になって追究したいという思いがあったはずなのに……」

だが現実は厳しい。

毎年、学級編成をしなおし、担任を代えていく。その結果、学校教育でいちばん大切な親との信頼関係を築こうと努力しても一年で水の泡になる。自分のありのままを出そうとすればするほど孤立し、精神的に追い詰められていく。

「私、教師がほんとうに自分のやりたいことだったのか、わからなくなったんです」

三学期が始まった。学校では、当然だが校長、教頭と顔を合わせることになる。

「顔を見たら『あ、こりゃいかん』と。たたきのめしたはずの校長、教頭がいて、こういう人とまたやっていくのかと。正直に感情を出してしまうと、現実のなかでウソがつけなくなる。逆にしんどくなっていって……」

「よい子」はもう終わり

麗子先生は、一九九六年三月で十四年の教師生活にピリオドを打った。

「子どものぜんそくもあって空気のきれいな山の学校に転勤したいと異動願を出したんです。教育事務所の面接で『教育論文を書いたこと、研究指定校を経験したことは』と聞かれ、私は二つともしてないので駄目だなと……」

家も探したいし、何度も結果を校長に聞いたが、土壇場まで返事をしてくれない。

「三月直前に校長が『駄目だった』と言うので『なぜ早く教えてくれなかったんですか』って聞いたら『お前は気に入らないから、何も心配したい気持ちが起きないんだよ』と言われて……。自分の気持ちに忠実でありたいと思い、けじめをつけたんです」

辞職を知った母親は、すぐに飛んできた。「元気な顔見ればいいから」とだけ言って四日後に帰っていった。

「寂しそうでした。私のなかには母の期待を裏切ったという気持ちがあって……。私は母から『好きなこと、やりたいことやっていいんだよ。あんたの人生なんだから。私は手放したんだから』と言ってほしかったんです。でも母に対する『よい子』は、もうこれで終わりにしたんです」

麗子さん自身も心の整理が次第についてきた。

「私には主婦は社会的に評価されないという主婦恐怖症があって……。主婦になると自分がなくなってしまう怖さというか、教員という鎧《よろい》をまとうことで、自分を保ってきたんです。いつも自分のやりたいことを棚上げして、自分のなかの空虚さを教員という社会的地位で埋めようとしていたんです。だから教師としての自分をやめなければ、自分というものを始められないと……」

普通の主婦に戻ったら、二人の子どもたちの姿が見えるようになった。

「はっきり言って自分の子は放りっぱなしで、気を向けてなかった。いつも忙しくてごめんねとわびていたんです。学校の子どもの夢は見るのに。でも辞めてから、のんびりと子どもが話したいだけ話を聞いてやれるようになって……」

一月から登校拒否していた長女が、退職後から中学に通いはじめたが、修学旅行が終わると再び、「授業はつまらない」と行かなくなった。問題のない子と思っていた長男は甘えて、ひざの上に乗ってくる。

麗子さんは高校一年のとき国語の教科書で萩原朔太郎の「大渡橋《おおわたりばし》」を読んだことがある。橋の欄干にもたれて、自分の過去のいっさいを沈めてしまおうと、うろたえる男の姿が描かれていた。

「あのときの朔太郎の年齢が四十歳だったことを知って、いまさら自分の人生にあれこれ惑う年でもあるまいと哀れに思って……。だけど私が四十歳になって、まさか同じことになろうとは夢にも思っていなかったんです」

自分の思いや気持ちに忠実に生きることを始めた麗子さんは、毎日が楽しい。

「散歩に行くと気がつかなかった草花が目に入ってきて『こんなに美しいものがあるのか』って。鳥の声を聞いても『あれは何の鳥だ』と思うし、季節がはなやいでいる、すばらしいと感じることができるようになった。自分がやらねばならないのではなく、やりたいことをやったら、それなりに道はひらけてくるんだと、ストンと胸に落ちたというか、大切なことを私、忘れていたんですね」

ぎくしゃくした親子関係

山口県・田布施町《たぶせちょう》の瀬戸内海に浮かぶ「馬島《うましま》」。この小さな島で一九九六年七月二十三日から四日間、「賢治の学校・夏の全国大会」が開かれた。その「賢治の学校・光事務局」の里子さん（四四歳）は、男二人、女三人の五人の子の母親だ。

「賢治の学校って、実際にどんなことをするのだろうと思って冬の大会に行ったんです。最初、ワークで個人の秘密のようなことをみんなの前でさらけだすことに意味があるのかと半身の構えで見てたんですけど、だんだん人ごとでなくなってきたんです」

高校の教師だという三十代半ばの男性のワークだった。母親とうまくいかず、女性を信用できず結婚する気もない。そのことで母親から責められ、家にも帰りたくないという状況がわかってきた。

「どういうふうに母親に怒られるのかという場面の再現を見て、母親役の言い方、叫び方が私そのものだったんです。ああ自分のやってることと同じだ。あんなやり方をしていたからこそ、この男性は自立できないで、母親との葛藤が長く続いてきたんだと思うと、涙が滝のように流れてきたんです」

翌日も別の人のワークが続いた。いまある問題は、生い立ちをたどって探っていくと、背負っているものが何であるかに気づかされる、それがワークだとわかってきた。

「どの人のワークを見ても自分と重なって、そのたびに涙が出る。涙が出ていくごとに何か体が軽くなるような気がしてきて……。それまではすごく私が悪い親で、悪い主婦だと落ちこんで、はいあがれないことがよくあったんです。でもそれは自分の責任じゃないと気づいたときに、これから自分を変えられるかもしれない、何か明日に向かっていける気がしてきたんです」

里子さんの抱えている問題とは何だろう。

「私、長男に対してすぐ感情的になる。たとえば長男は小さいときから乱暴で、一日中暴れ回っているような子でしたから、それがうるさくてうるさくて、反射的に嫌悪感が出てくるっていうか。一生、反抗が続くんじゃないかと思ったこともありました」

長男は自分の言い分が通らないと引っくり返って泣きわめく。すると里子さんの堪忍袋の緒が切れて「どうしてあんたは、何べん言っても同じことをやるの」「駄目ねえ。あんたっていう子は」といった言葉を吐いていた。

長男の反抗は、中学に入って一時収まった。陸上部でキャプテンを務め、落ち着くかに思えた。だが高校に進学すると再び荒れだした。

「もう大きいですよね。注意すると『なんだ、お前は』って向かってくるようになって。そうすると私も怖くなって、長男も私の顔を見ないし、こちらも必要なこと、聞いておかないと困るようなことぐらいしか聞かない、言わない、ぎくしゃくした親子関係になってしまったんです」

ワークは三日三晩続いた。

里子さんは皆の前でのワークに出ていく勇気はなかった。見ているだけで自分の抱えている問題を理解できた。

「それまでは反抗するのは長男自身の問題だと思っていたのが、長男が私を信用しなくて反抗してるっていうのが見えちゃったんです。すべて親子関係だと。一刻も早く帰って長男にワークで体験したこと、自分の過去を話して謝らねばと思ったんです」

まず謝らせてほしいの

里子さんは、夜行列車に乗って翌朝、光駅に着いた。長女は大学受験で予備校の冬季講習に、下の三人は九州の妹に預けていたので、家には当時高校二年の長男、勇君が留守番をしていた。

「私の『ただいま』という声で勇は二階から下りてきて……。『実はどうしても聞いてもらいたいことがあるから時間が欲しいんだけど』って。私の雰囲気にただならぬものを感じたらしく、『いいよ』と珍しく素直になって。それが朝の十時ころだったかな」

居間に座らせた息子を前に、里子さんは土下座した。

「とにかくお母さん、まず勇君に謝らせてほしいの。これまでお母さんは、勇君にずいぶんひどいことをしてきたことに気づいたの。お母さんが悪かった。ごめんなさい」

頭を下げたとたん、「うん。お母さんだけが悪かったんじゃないよ。ぼくも悪かったんだ」と、勇君は言った。

「でも勇君は悪くないよ。全部、お母さんがしてきたことだから。そのことを話させて。聞いてくれる?」

みずからの生い立ちを語りはじめると、勇君は床につけていた里子さんの手をとった。

里子さんの父親は、陶器作り、材木の買い付けと、さまざまな事業に手を出したが、失敗して借金を重ねた。そのツケを母親が行商したりして穴埋めし、三人の子を育ててきた。母親は寝る暇もなく働き、「辛抱しなくちゃ」が口癖だった。

「お父さんはたまに家に帰ってきては、うまくいかないことのストレスを母や私たち子どもに向けて発散して。ご飯が冷たいとか、ささいなことで怒るの。戦々恐々で、不安でたまらなかったの」

妹と二人で新聞配達をして、妹が自転車もろとも川に転落、けがをしたことがある。

「帰ったらお父さんが怒って、母が『この程度ですんだんだから怒ることはないでしょ』と言ったら大げんかになって。お父さんはテーブルを引っくり返して持ちあげ、母に向かって振りかざしたんだよ。それで私たちが必死になって『やめて』って、すがってやめさせたことがあるの」

広い庭の片隅に陶器焼きの窯《かま》があった。子どもが五、六人入れる大きさだった。

「お父さんが気に入らないことをしたら、そのなかに閉じこめられるの。真っ暗だから、ほんとうに怖かったの」

兄が一人いた。長男であるのと、母親を支えなければならないと思ったのか、里子さんら妹二人には厳しく、何かにつけ口うるさかった。

「だからお母さんは、お父さんを『父』とは見られなくて、何か『恐ろしい男』っていう感じ。近所からは母子家庭風だと見られて、男が勝手なことを言ってくるし。兄も私たちをいじめて、だから男は信用ならんと。勇君のなかに『男』をすごく感じて、反射的に嫌悪感が出てくるっていう感じだったのよ」

　里子さんは包み隠さず、心に思っていたことを語った。

「お母さんは、いつもカーッとなって勇君をたたいたよね。ワークを見てたらお父さんからたたかれていたのを思いだしたの。勇君が小さいとき、よくいたずらしたよね。いま考えてみると、ほんとに子どもらしい失敗ばかりだったけど、そのことでお母さんはひどく怒ってたたいたり、押し入れに閉じこめたり、ひどい言葉を言ってきたね」

一生、一緒にやっていく

　里子さんは、大分に住む実母が遊びに来ては、口やかましく孫たちに「あれしちゃいけない」などと言っていたのが気になっていた。

「勇君、おばあちゃんは勇君たちにいやなこと言ったかもしれないけれど、おばあちゃんは貧しいなかで一生懸命生きてきたんだよ。それで、どうしても言わなくちゃいけないような暮らしをしてきたから言っただけのことで、それも許してやってね。あのおばあちゃん見て、お母さんとそっくりだと思ったでしょ。やっぱり自分の親からされてきたことを、そのまま子育てに出してしまうってこと、お母さん、ワークに行って初めて気がついたの……」

　里子さんは、夫に出会った当時のことに話題を変えた。里子さんは大分生まれ。中学一年までは大分で育ったが、山口県の光市に父親の知りあいがいて、里子さんを自分のところから学校に通わせてみないかと申し入れてきた。

「母は最初反対したけど、大分の田舎よりはいいと、泣く泣くお母さんを預けたの。そこの中学の同じクラスにいたのがお父さんなのよ」

成績がよく、温かな人柄で、クラス委員も務め、高校も同じだった。

「預かってくれたおばさんは子育ての経験がないから、手紙や電話など、いちいち干渉してきて……。お母さんもほとほと疲れて高校二年で大分の実家に帰ったの。大分の高校を卒業して、貧しかったので大学には行かず結局、光市にある銀行に就職して……。そこのお客さんの一人がお父さんの兄で、ひょんな話から『弟は東京の大学に行っていて夏休みに帰ってくる』と。同窓会で再会して、付きあいはじめて結婚したの」

勇君は母親の語る父親との出会いに「うん、うん」「へえー、それで、そのときお父さんはどう言ったの」と熱心に聞いてきた。

「五年ぐらい交際してね。お父さんは車がいやで、いつもオンボロの自転車をこいできて、その自転車にお母さんミニスカートで乗って恥ずかしかったよ。海とか河原で何時間もサルトルとか実存主義がどうのとか話をして、お母さんもサルトルの本を借りて読んで一生懸命考えたのよ」

当時、里子さんは二十一歳。周囲からは「結婚しろ」とうるさいし、母親が病気をしたり、計算ばかりの銀行の仕事もいやになって大分の実家近くに新たな仕事を見つけて再度、大分に戻った。

「お母さんはね、そのあとも遠距離交際を続けるんだけど、次々にお見合いを勧められて、違う男の人もずいぶん見たから、どうしようかなと……。もっとハンサムでお金持ちの男がよかったんだけど、お父さんはずっとお母さんとだけ付きあってくれたし、それであるとき『君とは一生、一緒にやっていきたいよ』ってプロポーズされて。大学を卒業して一年後に結婚したの」

徳山で就職したものの夫は三カ月で辞め、結婚当時は学習塾を始めていた。

「だからお金がなくて、お母さんの退職金などを全部出産費用に充てたのよ。お父さんは何もわかってなくて子どもみたいだったから、お母さんの苦労はたいへんだった。お父さんといることは楽しかったけど、いつもおばあちゃんの世話になってばっかりいる引け目、子どもまでいるのに自分たちは自立してないという負い目、それが全部ストレスになってイライラしてたの」

家のなかに幸せあるんだ

「こんなふうに思いつくままを事細かに次々と話をして……。ふっと気がついたら午後四時で、二人がすごい寄り添って話をしてたんですね。ああ、もう夕方になってしまったね。こんなに長く話をしたの、おたがいに初めてだよね。こんな話ってできるんだねえ。聞いてくれてありがとう。勇も『いやあ、ぼくも聞かせてくれてありがとう』って」

二年半前の出来事を語る里子さんの顔には、穏やかな笑みが漂っていた。

「じゃあ、お母さん、すぐには変われないかもしれないんだけど、勇君を責めることだけはやめたいと思うから。でもお母さんが受けてきた傷は消えていないかもしれないから、どうしてもまた、勇君に向けて発散するときがあるかもしれないけど、そのときは勇君のほうから『また始まったよ』って言ってね」

十時から始まった母親の語る自分史は六時間を超え、夕日は西に傾きかけていた。聞き終えた勇君はこう言った。

「お母さんがそういうふうに育ってきたし、いろいろたいへんだったんだから……。それにぼくも悪かったよ。自分でもすごい、ひどい子だと思ってた。でも自分で直すことができなかった。だからぼくも悪かったんだから、おたがいさまだよ。ぼくもすぐ変われるかどうかわからないけど、これからはお母さんにいろいろ話すよ」

その勇君の言葉を聞いて里子さんは涙が出るほどうれしかった。結婚当初、テレビで見てあこがれていた「大草原の小さな家」の幸せが突然、降ってきたように思った。

「私はとにかく長男に自分の思いとか、わびたいという一心で、わびさせてくれさえすればいい。だから私のことをわかってくれて、さらに自分もこれからの日常生活を変えていこうと言ってくれたのが奇跡に近いと思えたんです」

その夜、里子さんは勇君との一部始終を夫に語った。

「ねえ、聞いて聞いて。勇と今日ね、実はこういうことがあったの……。どうかしら、私たち変われるかしらね」

「いやーどうかなあ、たった一回ぐらいそんな話したって……」

長女にも説明したら「へーっ。でも、勇は変わらんと思うよ」という返事だった。

「ところが翌日から変わったんですよ。勇が……。何かやっぱり照れくさいですけど、『おはよう』っていう、ちょっとしたあいさつから、私の呼びかけの言葉も、全然感じが違ってたと思うんですね。だから返ってくる勇の言葉も違うし、ああ、目と目が合ってこんな話ができるなんて、こんなに幸せなことだったのかって初めて気がついたんです。温かみがじわーっとわいてきて。それは自分の周りにあるもの、生活している人たちとほんとうの関係を結び、そのときを生きること、こんな家のなかにも幸せがあるんだ……と」

勇君の右上がりの怒り肩が平行になり、言葉のとげとげしさが消え、口にも出さなかった「お母さん」という言葉が出てくるようになった。

「だから夫もびっくりして、ワークに興味を示すようになった。親と子が、夫婦が、そして先生と親子がほんとうの関係を取り戻すことができたらいい。『ねばならない』ではなく、私がしたいことは何かを考えたとき、子どもサークルや文庫で付きあっているお母さんたちにも伝えて広げることだと、それで『賢治の学校・光事務局』ができたんです」

自立できなかった

長男との葛藤から解放された里子さんにとって新たな気がかりは自分の母親のことだ。

「母は働き者で、人に尽くすのが自分の天命だと。子どもを立派に育て、人から評価される。勤めているところの人からも『立派な人だ』と言われることに喜びを感じてきた。ところが足を痛めて、人のために何かすることができなくなった。パニックになったらたいへんと。それでワークに出て自分の人生をふり返り、どう生きたらいいかに気づいてほしいと無理やり呼んだんです」

最近、里子さんは母親をワークに参加させた。

七十歳に近い母親にとって自分の人生をふり返るのはたいへんな作業で、簡単に変えられないことは承知のうえだ。

「それでもワークに出てから、自分の夫が暴力的だったこと、両親のことなど、ずいぶん私に話すようになったんです。前は大分から遊びに来ても『海に行こう』とか、ありふれた日常の話しかできなかったのが、深い部分で話ができるようになって……」

こんなことがあった。母親は家に来ると、季節のものをと、タケノコ料理を作った。嫌いな勇君は食べようとしない。すると「季節のものだから」と、しつこく言いはじめる。

「その姿を見ると、私も同じことやってる、私もこういうふうに育てられたんだなあと思って……。おばあちゃん、それはね勇に任せればいいじゃないの。そうしつこく言ったからといって突然食べはじめるわけでもなし。それより、自分がいまおいしく食べることを考えたら、と私もやっと言えるようになったんです。母も『あ、そうだね』と、ハッと気づくこともあるようなんですね」

年老いた母親と、五人の子どもがいる娘とのあいだで境界線を引く作業が始まっている。

「母のなかで私という存在は、まだ一体なんです。分離ができてない。私も一個の人間として自立できていなかったんです。だから何をやってもむなしかった。私の日記には『ほんとうの私はどこにあるんだろう、私はいったいどう生きたらいいんだろう』と、そんなことばかり書いてある。常に何々しなければならないと追われていて、ありのままの自分に満足できなかった、劣等感の塊だった。その私がやっと子どもに干渉することをやめたおかげで、ずいぶん楽になりました。子どもを信頼することの大切さがわかったんです」

私は優等生症候群

一九九六年夏に瀬戸内海の馬島で開かれた「賢治の学校・夏の全国大会」には、この新聞連載ルポを読んだ読者が二十人も参加した。鳥山敏子さんから「この人の話を」と紹介されたのが、福岡県大牟田市の清さんだ。

読者からの感想や問い合わせがたくさん寄せられたが、父親からは、不思議にもなかったので、父親はどんな問題を抱えているのか興味がそそられた。

昼休み。ギラギラ照りつける太陽。木陰の芝生に座って清さんから話を聞いた。

「私は〝優等生症候群〟で、大学二年のとき、初めて人を好きになる感覚を味わったというか、それまで中、高とずっと受験勉強一筋できてるわけですよ。だから大学に入っても自分が何をしたいのかわからなくて……」

鹿児島市内に住んでいたので中学、高校は東大合格率の高い私立のラサールに自宅から通い、ストレートで東大一類、法学部に合格した。

「一、二年は何か気分が解放された遊び感覚で。ところが本郷の専門課程に進んでから法律やっても、ちっともおもしろくない。頭に入らないんです。『皆、どうやって勉強してるんだろうか』って悩みましてね。本郷に学生相談室があるんです。毎日、授業に出ず、そこに行って、だべったりしてました」

「保健室登校」ならぬ東大での「学生相談室登校」だった。試験を受けても肝心の行政法、国際法の二科目で単位を落として二年留年した。

「周りの仲間は司法試験や上級公務員試験に合格したり、一流会社に就職していく。会社訪問なんかもしたんですけど、元気がなくなるんです。いま思えば、私の体が拒否反応を示していたんですね。ところが当時は『東大』というエリート感覚から落ちていく自分を認めることができない。なんとか卒業して就職したほうがいいと思うけど、何をしていいかわからない。勉強しても頭に入らない。何か暗闇《やみ》のなかにいる感じでしたね」

学生相談室の勧めで、東京三鷹にある個人経営の児童総合研究室に通いはじめた。そこは知的障害や自閉症の子どもたちの生活、学習面を指導しているところで、夏休みには普通の子どもたちと一緒にキャンプをした。

「その手伝いがおもしろくて。山や川で子どもたちと一緒に遊んで……。そうしたなかで、私は思いきり一日中、飛び回るみたいなことをほんとうにしてこなかった、こういう子ども時代を自分は送ってこなかったな、とわかったんです。それで、そのまま障害児と付きあうことを五年やるんです。休学一年して、三年以上は駄目ですから結局、東大は中退ですね」

現在、八十歳に近い父親は戦前は木工所で働いていた。召集されて宮古島で敗戦となり、引き揚げてきて技術家庭科の中学教師になった。六十代後半の母親は、清さんが小学校に上がるころから保険会社の外交員をしていた。

「母親は勉強にうるさかったですね。帰ってきたらまず宿題をする。ランドセルを放りだして遊びに行くようなことはさせてくれなかったんです。親が仕事から帰ってくると、宿題していましたからね。友だちと遊ぶと言うと、親がいい顔しなかったんです。遊ぶことを認めてもらえなかったし、自分のなかにも罪悪感があって。だから優等生の感覚で、親の期待に沿う『いい子』

を自分でやってました」

電車と徒歩で一時間もかかってラサールに通学したため、地域の友だちはできなかった。夏休みもほとんど家で勉強をしていた。

存在感のない父親

学校の勉強一筋で東大に合格した清さんにとって、反抗期がまったくなかったわけではない。初めて母親に反抗したのは高校生のときだ。

「反抗の中身が何だったかわからないんですけど、母って、わりとしつこいんです。同じこと、何回も言うんです。文句を。だから『何回も言わんでよか!』『うるさか!』とか言ってたら、母が泣きだしたんですね。そしたら父が『母親に心配かけるなよ』というひと言だったんです」

父親は小学校くらいまでは、勤務先の学校に連れていったりした。だが中、高校時代、つまり清さんが「男になっていくときの父親」としての存在感はなかった。

「母に反抗したのも自分が何かきつくて、模索という感じでぶつけたわけで、そのときに返ってきた父の言葉が、自分にとって何か違う、そのときの父の存在感が、自分が人間として成長していく過程で身につけられなかったものと結びついてくるんですね」

母親は農家の生まれで七人きょうだいの長女。独身時代は、下の二人を経済的に支えながら働いてきた。

「私が高校二年のときに祖父が亡くなるまで、母は同居していたから、そのたいへんさみたいなのもあって、苦労してきたんだなということはわかるんです」

児童総合研究室を三十歳で辞めて、清さんは演出家、竹内敏晴さんが主宰する竹内演劇教室に週三回、通いはじめた。

「在学中、たまたま竹内先生が東大の教育学部に週一回、講義に来ていて。ちょっと出ていたら『頭だけで動いていて、体で感じるということができてないね。頭ばかり使ってるから、こうしなさいと言われれば、すぐ動いちゃう。東大生は、こんなもんだよ』と、言われたのを覚えていて、自分の体に対する感覚みたいなものを、もう一度試してみないと駄目なんじゃないかという感じがあったんです」

竹内演劇教室では「砂浜の出会い」のレッスンをする。

テープで床に一辺四、五メートルの正方形の舞台を作る。そこを〝非日常の世界〟とし、テープのなかの空間に入った人は、自分の内側からわいてきた思いのままに、体を動かしていくレッスンだ。

「そこが砂浜であるという感覚がつかめたら中に入って、自分の感覚で動くことをするんです。ところが私の場合、砂浜の出会いができなかったんですね。そこから先がわからない世界で、怖さのほうが先に立ってしまって、入っても動けないって感覚で……。動ける人が実にうらやましかったんです」

そこで知りあった女性と三十三歳で結婚した。生活のために塾を開いたが、長続きしなかった。

「親に言われないと勉強する気がない生徒が塾にはたくさんいて、その子に教えるのが自分と重なり、しんどくなって……。たまたま友人がコンピューター関係をやっていて、ぶっつけ本番でその仕事を始めるんです」

保育に関心のある妻は、埼玉県深谷市にある遊び中心の実践で知られる「さくら・さくらんぼ保育園」で勉強したいと言うので、深谷市に引っ越し、東京まで通勤した。

「それから二年後に妻が妊娠して、義理の兄が福岡でコンピューターの会社を始めた。それで妻の実家のある福岡に戻ってきて……。ところが仕事がうまくいかず、別な会社でコンピューターの仕事をしていたらこの二月に倒産してしまって……」

親に心配かけない人生

親の期待にこたえて「いい子」をしてきた清さんは、会社が倒産したことを親に告げることができなかった。

「いままで親ときちんとぶつかりあってない。葛藤を家族のなかでしてこなかったんです。自分の人生は、ずっと親に心配かけない、ということのために生きてきた感じがしてますね」

単位が取れず東大での中退が決まったとき、清さんは両親に手紙を書いた。

「暗い闇のなかで悶々と苦しんでいるときに書いた手紙で、『人生の先が見えない』『中学からラサールに行ったのを後悔している』『いちばん大切なことを教わってないような気がする』といった、脈絡のないものだったと思います」

手紙にショックを受けたのか、父親は、その半年後に戦友会の人たちと熊本を旅行中、心臓発作を起こし入院。長期療養をすることになった。

「そんなことがあるので、ほんとに親に心配かけまいとして、一生懸命、つくろって生きているわけですよ。この二月に大牟田で鳥山さんの講演を聴いて、自分のありのまま、つまり混乱状況を率直に出していいんだと。それで五月の連休に、親に会って倒産の話をしたんです」

両親から出てきた言葉は、以前と変わらなかった。

「どげんする」

「妻子があるのに、そげんことでよかとね」

「心配で夜も寝られんごとなる」

結局、それ以上の話しあいは進まず、暗い気持ちになって帰らざるを得なかった。

「自分にとってそこで話が止まるわけです。親との関係が。そこから先に進まない親子の関係を見つめなおしてみたいと、その後、鳥山さんのワークに参加して母親との場面を再現したわけなんです」

母親役の鳥山さんの口から出たのは「うん、それでいいんじゃないの」「お金が足りなかったら出すから」と、清さんの失業を受け止めてくれる肯定的な言葉だった。

「それを聞いて、もううれしくなって。何か、すごい楽になったんですね。そういうふうに親が言ってくれたら、ほんとうに自分も楽で、もっと自由に生きられたし、生きられるだろうなあと。『自分の人生を一生懸命生きればいいんだよ』って言われると、あ、そうなんだよね、頑張るよっていう気になるんですよね。親子の関係は……」

いま、清さんは午前中は妻が勤める保育園で代理保母をし、午後は学童保育で子どもたちとかかわっている。

「以前は親子問題は自分だけかと思ってたんですが、いまは何か日本中の問題みたいな感じがしてきて。学童保育は小学校が終わってからの子どもを預かるわけですが、子どものたいへんさが見えるんですね。ストレスを抱えこんで帰ってくる。そうすると、だれかをいじめるとか、人に命令するとか、遊んでいてもすぐ遊びをぶち壊してしまうとか。たまったものを吐きださないといられない状況なんです」

学校教育の構造的なゆがみもあるが、どう子どもと親がかかわっているかが問われている。

第4章　賢治を生きる

世界がぜんたい幸福にならないうちは個人の幸福はあり得ない――三十年にわたる小学校の教師生活をやめた鳥山敏子さんは、この宮沢賢治の「農民芸術概論綱要」が好きだ。

自分の命を世界、そして宇宙とつなげるためにも、まず家庭のつながりが大切。つながりあっていない夫婦、親と子、きょうだい……それぞれの関係を「支配もしない、支配されもしない」という新たな関係へと創造していく。そんな広大な理想を掲げて始まった「賢治の学校」。なぜいま「賢治の学校」なのかを探るためにも、鳥山さんの生い立ちまでさかのぼることにした。

やんちゃな女の子

鳥山さんが賢治に触れたのは小学三年のころだ。

「学校に違和感があって、私はまったくしゃべらない子でした。ハナたらして、黙って座っているだけ。外へ出てクモの巣だらけの教室の縁の下にもぐるのが好きで。家へ帰ると魚を取ったり、花を育てたり、走り回ってました。三年の終わりごろから突然、本を読みたいと思いはじめたんですね。図書館にある本を全部読んで卒業しようと決めて、真っ暗になるまで読んだ。そのとき『雨ニモ負ケズ』を読んで……。『ああ、こういうふうに生きたいんや』と決めて、ほんとうに三十七歳で死ぬことを考えていたんです」

香川県綾歌郡《あやうたぐん》綾南町《りょうなんちょう》滝宮でのことだ。

父親は広島の海軍工廠《こうしょう》のサラリーマン。一度養子に入ったが厳しい家で、戻ってきて農家の娘の母親と見合いして再婚した。

「母の母親、つまり祖母は父が出戻りだと知って『この見合いはなかったことにする』と言ったんです。でも父が母を気に入って自転車で三十分もかかる隣村まで何回か通い詰めて結婚したという話です」

父親が二十七歳、母親が二十歳だった。十カ月後の一九四一年十月三日、広島県の呉市で鳥山さんは生まれた。太平洋戦争が始まった年だ。

「二歳のとき、空襲が激しくなって、父は真っ先にやられるのは呉だと、山口県の光にある海軍工廠に転勤させてもらったんです。川沿いの石ころで遊んだり、母が空き地に野菜や花を作ったりしたのを見て……。一九九六年に光のワークに行って、あっ、この近くに住んでいたとわかったんです」

終戦で失職した父親は、実家のある香川県綾南町の羽床《はゆか》に引き揚げてきた。だが二世帯が生活するには狭く、すぐに隣の滝宮にある母親の実家に移った。讃岐平野の田園風景が広がっていた。

「そこは私にとって楽園で、綾川《あやかわ》という川、山や田んぼ、畑、神社……私のすべてをつくったという場所なんです」

父親は大阪へ出稼ぎに行って家計を支えていたが、間もなく、畑に搾油機を組み立て、ナタネ、ゴマ、ツバキなどの実を油にし、残りかすは種を持ってきた人に返すという仕事を始めた。

「働くのは父と母で、私は下二人の弟のおむつを替えたり、背負ったりしていたんですが、両親は近所のお姉さんを子守に雇って、私の遊ぶ時間は保証してくれたんです」

小学三年までは担任の教師の顔も覚えていない。だが四年から卒業までの担任は体育教師で、鳥山さんを見こんで、平均台などをやらせた。

「それまでハナたらして、休み時間だけ元気だった女の子が、小学四年のときに学級委員に選ばれ、変わるんです。でも取っ組みあいのけんかや、ビー玉、クギさし……、やんちゃな女の子でした」

学生運動たたり病気に

鳥山敏子さんの人生を方向づけたのは中学時代だ。

「一つ年上の男の子が好きになって。その子の家は雑貨屋さんで、お母さん自身が女としてしっかり生きている人。高校生のお姉さんは女性の解放に関心があって、私が大学に入ってから一緒に女性史の研究会に参加するんです」

その姉の影響を受けて、高校進学は「男性こそスカートを」という〝男性スカート論〟を唱えた校長のいる高松一高に決めた。

「入学して、高松一高はランクでは二位だと初めて知ったくらい、学校差に無関心だったんです。

高校三年間、自治会活動、文芸部、演劇部の三つの活動を切り盛りして、受験勉強はしなかった。親は私が大学に行くことに反対だったんです。長女を大学に入れると子ども五人を全部大学へやらなければならないと思ったんでしょうね」

「まだ学びたいことがある」と父親と話しあった結果、「香川県から出ないならいい」という条件が出て、進学先は香川大の教育学部にした。

「父自身は反発して教師にならなかったけど、父のきょうだいは皆教師だし、油屋は浮き沈みがあるし、五人の子を育てるのがたいへんだったんでしょう。公務員がいちばんいいと思ってたらしいんです」

大学に入学した年が六〇年安保の年。学生運動が盛りあがっていた。昼も夜も学生運動に没頭し、教育学部ではなく経済学部の授業に出た。

「私の関心はマルクス経済学で、あとは倫理とか哲学でした。大学一年のとき、父母が『何も敏子だけが、そんな先頭立って学生運動やらんでもええやないか』って言ってきて。『なんだ自分の子さえよければいいという利己的な考えだったのね』と親に突きつけ、『今日かぎり、もう親とも思わんで』って。次の日、家を飛びだしたんです」

下宿代を稼ぐため毎日、家庭教師をした。学生運動などで、文字通り寝る暇もなく動き回り、大学四年のときに腎臓《じんぞう》病を患った。

「医者に安静にしろと言われても守らずにいたら、院長さんが下宿に訪ねてきて、数値を示して

『入院が必要です。もう、あなたは子どもを産めませんよ』と言われたんです。親に反対されて学生運動をやりつづけて『いまさら体こわしました。絶対安静です』って家に帰りたくなかった」

卒業後は貿易会社に勤めながら日中友好運動を進める活動をしようと決心、就職先まで決めた。ところが「娘は教師に」と考えていた父親が猛烈に反対した。

「私も四年のときの教育実習がおもしろかったんですね。父母のことを考えると、とりあえず教師になってもいいかと……。ところが全部、試験は終わっていて残っているのは東京都しかない。そのころ東京に学生運動時代に知りあって、ほのかに思いを寄せた人がいて。東京に出てもいいかなと思ったんです」

東京都の教員採用試験は筆記試験に面接など三回だった。

「私、まず自分の腎臓病を治さなければならない。それには山のなかの水や空気のきれいな学校に行けばなんとかなるかなと。面接で、そういう学校があるかと聞いたら、『ある』と。最初の学校が全校生徒六十三人、山のなかの青梅《おうめ》第十小学校だったんです」

一、二年と三、四年が複式で、五、六年が単式学級。初めて受け持った五年生は十二人。二十四の瞳《ひとみ》が待っていた。

二年後に同僚と結婚

東京の辺地校、青梅第十小学校での教師生活は、鳥山敏子さんにプロ意識を培うきっかけとなった。

「五年生は十二人だから、一人ひとりがわかるまで付きあうのが当然でした。理解が遅い子もいる。残しちゃうと真っ暗な山道を帰らなきゃならない。教室にいるときが真剣勝負。ほかの子には国語をやらせ、その子には一対一で算数をやる。時間割は最初から駄目、ばらばらのなかで全体に気を配るやり方でした」

辺地の青梅十小には、校長、教頭になりたいと意欲を燃やす力量ある教師が集まっていた。「日本作文の会」のメンバーもいた。

「教頭と、二年後に私の夫となる六年担任の教師と三人で斎藤喜博《きはく》の全集を読んで、教育論を戦わせたり、学級通信を毎日出し、充実してました」

青梅市にある校長、教頭の自宅近くに下宿した。バスで四十分、峠を二つ越し、バス停から学校まで二十分歩く。

「その山道に花が咲いていて……。道が悪いので一年の三分の二は長靴を履いてました。勤めてからは、塩、しょうゆを使わず、夏は毎日、スイカを食べ、はと麦茶を飲んでいたら、腎臓病は自然に治っちゃったんですね」

一年後に六年担任の教師、康夫さんが結婚したいとプロポーズしてきた。

「私は腎臓病で子どもを産めませんって断ったら、『それでもいいから結婚したい』と。何をやっても私の受け持った五年生が優れていて、六年担当の彼は虚無的になっている。そういう姿を見ると母性本能を刺激され、何か助けたくなる。女として愛しているのとは別だったんです」

康夫さんは、高校時代から放送部に所属、NHKのアナウンサー志望だった。だが二浪して東京学芸大に入ったため、年齢制限にひっかかり、やむなく教師になった。

「だから朗読や放送劇が優れていて、その点では尊敬してましたね。結婚を決意して、学生時代の仲間が看護婦をしていた病院で診てもらったら、腎臓は治っていると。自分のなかで子どもが欲しいという気持ちを封じこめていたんでしょうね。彼を好きだったけど、それより子どもが欲しくて結婚したんです」

教師生活を始めて二年後に結婚。すぐに長男を妊娠、続いて長女と二児の母親に。

「学生運動に忙しくて、妊娠ということさえ知らなかった、私の歴史のなかで『つわり』っていう単語がなかったし。産んだとたん、すぐ次の子が欲しくなるくらいで、苦痛じゃなくおもしろかった」

とは言うものの、帰宅のバスは二時間おきで、最終バスを乗りすごすと、宿直の警備員のバイクで送ってもらう。歩くと真っ暗な山道を二時間半はかかる。保育園のこともあり、結婚三年後に希望して昭島市内の小学校に移った。

「青梅十小の校長の友だちが教頭をしていて、『あいつ、おもしろいから採りたい』と呼んでくれたんです」

東青梅の教員住宅から駅まで七分、満員電車に乗って十五分。駅から学校まで五分。そこから保育園まで歩いて二十分かかった。

「私は冬も半そでなんです。下の子を背負って、駅から走りに走って保育園に預けて学校へ戻ってきて……。帰りは、もっと仕事をしたいと保育園に行って子どもを引き取って学校へ戻り、トイレでおむつを洗って屋上で干し、残った仕事の続きをして……」

授業で勝負、が孤立へ

「どうやって教科書を超えていく授業ができるか。もし教科書に問題があるとしたら、どのように教師がそれを変えていくものをつくりだせるか。授業で勝負するのが私の仕事でしたから」

青梅十小の時代から、西多摩作文の会と全国生活指導研究協議会と、二つの民間教育運動に参加。仲間の教育実践から子どもたちと、どうかかわっていくかを学んできた。

「子どもは具体的に体験したり、ものに触れたりしなければ納得しない。手探りで、たんぼを作ったり、いろんなことをやりはじめたんです」

子どもと親を連れて校外に出たり、作文指導に力を入れたりした。だが当時は日教組運動が盛んな時代だ。弾圧に対するストやデモがくり返された。

「ストやデモには一応参加するんですが気乗りがしないんです。親と教師が力を合わせないことには、子どもを守ることはあり得ない。授業で勝負しなければならないのに、ストやデモをしてたら、ほんとうに親と組んでやっていくことから組合は離れてしまう。常に私は授業に立ち戻っていくんです」

そうした鳥山さんに対する組合員の態度は冷たかった。

「私が授業を一生懸命やればやるほど、組合からは『自分のクラスだけをいいクラスにして、親から支持されて、いい格好している』と、厳しく批判されるんです」

夫の康夫さんは鳥山さんと知りあう前は、組合運動には縁のない人だった。だが鳥山さんの影響を受け、熱心な活動家になり、転勤先の青梅五小の分会長にも選ばれた。

「批判される私を見て、彼は『お前が単独でやってるから孤立するんだ。みんなと歩調をそろえろ』と。彼は和やかにまとめていく役割をやってた人だから、孤立しないことが大事で。私にとって孤立するかどうかはどうでもいいことで、いちばん大事なところを何度話をしても彼はわからない。彼とやっていくのは、もう終わりだなと……」

教頭だけが鳥山さんを支えてくれた。

「あるとき、教頭は私に『自分が納得いくまでやれ。嫌われて、どこも採らなかったら、おれが必ず採ってやる』って。彼は職員一人ひとりをよく見てて、気になることはメモする。しかしすぐには言わないで、じっと見守っている。教師みずから気がついてやっていくように、一人ひとりに立ちあっていくんです」

三年後に同じ昭島市内だが、別の小学校に転勤、五年生の担任となった。

「いろいろ問題のあるクラスで。かなりの子どもが二、三年の学力しかない。それで職員会議で『どんなやり方をして、こんな状態になったんですか』って私、発言してしまったんです。そしたら完全に嫌われてしまって……」

漢字の読めない子、たす、引くがわからない子がいた。放課後や夏休みを使って教えたら、できるようになり、親も盛りあがっていく。だがクラスに気になる女の子がいた。暗く冷たく、投げやりで、何かを訴える視線を感じた。

「よし、彼女が夢中になる授業をやってみようと、一生懸命やるんですが、全然、のってこないんです。毎日、上の空で。教室ではものが次々になくなるし。あるとき、突然、彼女がかかわっているんじゃないかとピーンときて……」

女の子が私を変えた

鳥山さんは暗い顔の女の子を呼び寄せた。

「私、その子にいきなり『いままで何回とったの。たくさんやってても、びっくりしないから』って聞いたの。もし間違ってたら、とんでもない言葉ですよね。そしたら、その子びっくりして、『毎日』って。四つのときから神社のお賽銭《さいせん》をとってたと。登下校の途中や学校でも……」

家庭訪問をくり返した。病弱な父親を支えて、母親が働いていた。

「厳格な家で、お父さま、お母さまと呼ばせていて。正直一筋に生きてきた父親は、とった店から連絡があると、激怒しておきゅうをする。無駄遣いもさせない。お母さんは、父親のうしろについて同じように子どもを責め、なぜとるのかを考えないから、子どもを守りきれてなかったんです」

その子の関心を授業に向けさせなければ教師の資格はないと鳥山さんは悩んだ。そんなときだ。教育雑誌『ひと』が、全国の教師を集めて実践報告の全国「ひと塾」を開くという情報を同僚が伝えてくれた。

「そこに出かけていって私、さまざまな人たちの教育実践を見せられ、開眼させられたんです。社会科の授業を創《つく》る会の人は、人間の歴史を二、三年かけて系統的に、ものを実際に作ったりして、考え、発見することの楽しさを味わわせる実践報告をしたり……。作文を書かせることで満足していた私にとって、学習するって体や頭の遊びだったんだと。それから授業づくりに熱中するんです」

受け持ちの子どもたちは一年後に卒業する時期だった。

「私、『人間の歴史』に一年間、取り組むんです。毎日、教材研究して、資料を集め、教具を作って。子どもの予想を覆し、驚かす授業をやるんです。子ども自身がこの世界や自分の存在の不思議さに気づき、学ぶ楽しさを体験していく。そうしたなかで子どもたちは自分の持つ限りない力を知り、自分は天才じゃないかと言いだすんです」

鉄づくりを通して鉄、農業、権力の仕組みを教えようと、江の島海岸に行って砂鉄を集めた。千五百度の温度で砂鉄を溶かすために、かじ屋を何軒も回っては調べた。

「鉄づくりの授業をやってるとき、ふと気がついたら私の隣に、例の女の子がいて、楽しそうに一緒にやってたんですね。気にしているときはうまくいかず、私が鉄づくりに没頭して楽しんでたら、女の子も安心して自分自身でいられる時間が持てて、おたがいが一緒に歩めるようになるんだと私自身も学ぶんですね」

独自の授業づくりに没頭すればするほど、同僚たちからはいじめられ、また学習指導要領との板挟みになった。

「更衣室で顔を合わせると、『あんたなんか、この学校に来なけりゃよかった』『勝手なことやらないでよ』と言われました。ある教師に『鳥山さんとやったって負けるものね』って言われた瞬間、もう、愕然《がくぜん》として。私自身のなかに〝授業で勝負〟と、相手を常にやっつけようとしていた自分に気がついて、どうしたらそういう自分を変えられるのかと苦しむんです」

夫との関係も行き詰まっていた。

「夫婦をやっていく気持ちがなくなってきて。私が二十八歳、下の長女が二、三歳のときからです。夫婦ではなく共同合宿所でよかったんです。そのときの私の体は、女としては成熟してなくて、母親の体になっていたと思います」

寂しさをごまかしていた

「ひと塾」で、鳥山敏子さんは、人生を決定づけるもう一つの実践に遭遇する。演出家、竹内敏晴さんらの「からだとことばの会」(からこと)との出合いがそれだ。

「そこで受けたレッスンは『うまくやる』とか『競争に勝つ』とかに関係なく、自分の体の感覚を鋭くし、まず自分が気持ちのよい状態を大切にするといった、それまでの私が考えてもみなかった視点を提示されたんです。だんだん自分自身を見つめなおさざるを得ない状態に追いこまれていくんです」

とくに竹内さんのレッスンでは、何のために授業をしているのかといった根源的な問題に直面させられた。

「ほんとうの私って何だろうと追求しはじめると、もっと集中的に竹内さんのレッスンを受けたくなり、『からこと』では物足りず、仲間と『こんとんの会』をつくるんです」

意味づけのできない、何が起こるかわからない混沌《こんとん》とした状況に自分の体を置き、その体の声に正直になっていくことを狙いとする会だ。

新しい学校に移って四年目の夏休み。「こんとんの会」の第一回の集まりで、鳥山さんは「砂浜の出会い」のレッスンに取り組む。

「ある空間を砂浜と仮定して、二人の人間がなかに入り、自分に正直に体を動かすというレッスンです。外の世界は日常の世界だから、約束ごとがあって『ウソをつくな』『人を殺すな』とか縛られてますよね。それとは違うところに体を置いたとき、自分の感覚に正直に体を動かしますから、人を殺したくなれば殺すわけです。もちろん非日常の舞台でのことですが……」

前章に登場した東大中退の清さんは、恐怖から砂浜に入ることもできなかったが、鳥山さんは足を踏み入れた。

「私は自分がちゃんとした、しっかり立っている人間だと思っていたのが、砂浜に入ったら、ものすごく寂しかったんですね。畳なのに無数の砂が無言の叫びを上げて体を占領してくる感じになって……。長い時間、立ち尽くして、気がついたら相手の男の人の腕のなかで涙を流して泣いてたんです。ああ、こんなに私は寂しいんだ。その寂しさをごまかすために、がたがた、いろんなことをやっているんだってわかったんです」

教師という殻の下に隠されている違った自己の存在を知ったとき、これまでやってきた授業実践は何だったのかという疑問に取りつかれた。

「確かに一つの授業を何年も、何時間もかけて構想を練り、いろんな人に出会って話を聞き、資料を集め、それを授業にしていく過程は楽しい。子どもたちも楽しそうだけど、単におもしろがってついてきているだけではないか。子どもたちが学びたかったことは、もっと別のところにあるのではないだろうか、と……」

そんな疑問が体のなかからわいてくると、以前のように、がむしゃらに授業ができなくなっていた。

「私は自分の体に正直になっていったんです。いまは授業したくないと思ったらやらない。『いや、今日は授業できん。ごめん』って。子どもが持ってきた座布団を床に敷き、横になるんです。窓際だから真っ青な空とプラタナスが見えて。子どもたちだって自分に正直だろうかと考えながら」

職員会議でも発言せず、授業も子どもたちがやりたいと言ったことをした。学校という場で失いかけた感性を取り戻す作業を始めたのだった。

自分を変えないで無理よ

妻が自分壊しの作業に取り組んでいるのに、夫の康夫さんは、相変わらず結婚という制度に安住して、組合活動に生きがいを求めているように見えた。

こんなことがあった。鳥山さんを好きになった同僚の教師が「奥さんと別れてほしい」と、夫の康夫さんに申し入れにきたのだ。

「おもしろかったですよ。電灯の下で康夫に『別れてくれ』って。そのとき、夫は私を自分のものだと錯覚していることに初めて気づいて。驚いて……。その日、寝られなかったんでしょうね。『悪かった』と謝る長い手紙がきたのよ。結婚したら、男は相手を自分のものとして所有し、安住してしまう。そういう関係では、夫婦は自分壊しを絶えずしていけなくなるんです」

日本の男性の多くがそうであるように康夫さんは、妻に母親の役目を期待して結婚したことがわかってくる。十歳のときに母親を亡くし、兄にいじめられつづけてきたという心の傷も抱えていた。

「あるとき、彼は私に『母に甘えたい。全面的に受け入れてくれる母をお前に求めていた』と。そういうのは多少はあっても構わないけど、百パーセント要求してくる関係はつくりたくない。でも彼は古いタイプの男ではなく、最初は一緒に勉強会もした。結局、授業とか自分壊しの取り組みが、私より甘かったのね。男の教師は、母親たちにちやほやされて『いまのおれでも通用する』と、錯覚しているところがありますね」

妻が真剣に話をしようとすると夫は、いつも逃げた。

「だから人が来ると話ができるんです。でも人がいないと話が『どうしてこういうことに……』っていう方向になってしまう。最後には『おれという男がありながら、お前は……』に戻り、『魅力のない男になって、どうして好きにならなきゃいけないの。自分を変えないで、私を引き止めようとしても無理よ』って言うと、それがカチンときて……」

康夫さんは自分の思い通りにならないイライラを、卓球と酒と歌声喫茶で解消しようとした。

「追い詰められたのはわかるけど、変わろうとする努力が足りない。酒なんか飲まずに、ちゃんと話をしなくちゃいけないのに……。それが逆に私をいっそういらだたせ、怒らせる状況に追いこんでいったんです」

酒を飲んでヘロヘロ状態で帰ってきたことがある。

「子どもを相手にする仕事でしょう。私は自分を偽って子どもの前に立てないわけ。だからけんかする場合も窓という窓を全部開けて、聞こえるようにしてやるわけ。彼は決まって沈黙し、最初のころは怒って出ていき、酔った勢いで車を運転して走りだそうとする。そこで私は車の前に立ちはだかってやめさせる。私と話をすることを切り捨て、しかも車を走らせようとする態度が許せなくて……」

なぜ夫の態度にそれほど怒りと屈辱感を感じたかは、あとになってわかってくる。

「実は私の母が父のやってることに納得いかないと、すぐに黙って、すねるんです。母は厳しい自分の父親に何も言えない子ども時代を過ごしていたんです。私はその母の態度が許せない。子ども心に、どうして女性があるなるのか疑問に感じ、大学の卒論のテーマも『女の解放されていく道』なんです。夫の態度が母の姿と二重写しになって……。夫も自分の思ったり感じたりしたことを感情の伴う言葉で返す体験がない、訓練されてこなかったんです」

教師として再生

思いこんだら徹底して突き詰めないと納得しない鳥山敏子さんは、自分自身の教師のあり方、そして夫との関係を根底から揺さぶられた「砂浜の出会い」のワークに、いっそうのめりこんでいく。

「最初のワークから一年後に、砂浜で四つんばいになってみたくなって……。そして目の前の砂をふっと吹いて、手のひらで払っていったら穴が開いて、その穴は地球の反対側に達するような深い穴で、私、オーイと何回も叫んだんです。その穴はなつかしいもので、いま思うと、私につながってきた命、命の源、地球そのものだったように思います」

この砂浜のワークで、鳥山さんは一点のごまかしもない、あるがままの自分をすべて認めることができた。

「それまで執着していたものが何もかもいらなくなったんです。そんな体験の積み重ねから、私が学校という場で子どもたちの体が何を欲しているのか、私はどう感じているのかを一つひとつていねいに探っていく教師として再出発したんです」

文部省が決めた学習指導要領に沿って授業づくりをするのではなく、子どもの体が求めるものに合わせて、臨機応変に授業をしていく。毎日の教室が「砂浜の出会い」の場になっていった。「私の体が正直に自然に動きだしたから、一緒に子どもの体も動きだして。『昨日出かけて、こんなもの見つけてきた』と、子どもが興味を抱くものが、どんどん教室に持ちこまれてきたの。オタマジャクシを持ってくれれば、それを使って授業をする」

オタマジャクシで四十五億年の地球の歴史や生命の誕生の授業にまで発展していく。

「教科書が難しくてたいへんだという人がいるけど、教科書に子どもを合わせない、子どもの興味に授業を合わせるというふうに流れを変えると、子どもの興味は広がっていくし、教科書は全部使えて、しかも教科書の何十倍もの内容の授業ができるんです」

子どもの質問に答えられないと本を読み、納得いかないと著者や専門家を訪ねて直接、話を聞く。家計費の大半は、教材研究費で消えた。

そうして鳥山さんは次々と新しい授業を創造していく。「にわとりを殺して食べる」「原子力発電所とゴミ」「ブタ一頭まるごと食べる」といった授業実践記録は、映画や単行本にもなった。

「人間が生きるために奪い取った命が、自分の体のなかで命としてよみがえっている。殺される動物がどんな苦しみ方をしているか、それを体験して、死生観をいまの子どもの感覚でとらえていく、心から自分の命、人の命、生き物の命の尊さに気づくというのが、にわとりやブタを殺して食べる授業の狙いなんです」

こうした授業づくりの背景には、学校給食で大量の残飯が出され、捨てられていく実態がある。

「子どもたちの体が食べたがっているもの、食べたい量をいっさい無視して行われている給食という教育が、生命を無視し、体の感覚を鈍くしてしまう子を大量生産している。資源の少ない日本の豊かな毎日の生活は、他の貧しい国々の人たちの犠牲の上に成り立っている。それを実感として子どもたちにわかってもらいたいという思いがあって……」

だが家庭では、夫は食事を終えると二階の書斎へ直行する。鳥山さんの突きつける課題から逃げ、〝家庭内離婚〟は続いていた。

夫と妻が交互に飛びだす

長女が小学六年も終わりに近づいたある日。康夫さんは自宅近くのすし屋で子ども二人に、こう告げた。

「お母さんと生活できないから、お父さんが出ていく。妹のマアちゃんが中学になったらお父さんは出ていこうと思っていたんだ」

中学一年の兄は「ああ、世間体を気にしていた父がやっと決心したんだ。これで世間とは違う生き方ができる」と思った。妹は悲しくて泣いた。

「離婚の話は三十代のころから出ていて、籍を抜けば、あとは子どものことだけだから、私は別れたほうがすっきりするとハンコを押してもらいたかったんですが……。彼は世間を気にして、なかなかＯＫしなかったんです」

長女が中学へ入学して間もなく、康夫さんは荷物を運びだし、別居生活を始めた。結婚して十四年たっていた。四十歳の鳥山さんは、もっと砂浜などのワークに参加するため昭島から竹内演劇研究室に近い都内中野区の小学校に異動した。

「ワークで、どうしてこうなったかを分析して、夫の親や兄との関係、そして結婚したとたん、夫とのあいだに生じた身内感覚が、おたがいを窮屈にし、相手を支配することが愛だと錯覚していたことに私も気づいて……。夫が出ていってから二年後に『やりなおししようか』という話になって、彼は一度戻ってくるんです。だけど『おーい、お茶』と言う彼の姿を見て、これはやっていけない、あなたが出ていかないなら私が出ていくと……」

今度は鳥山さんが家を出た。康夫さんが戻って一、二カ月たっていた。学校近くにアパートを借り別居生活を再開した。長男は父親に。中学生の長女は母親のアパートから通学したが、子どもたちの出入りは自由だった。

「その一年前から夏休みに私は『究極の旅』を書いたインドの思想家、バグワン・ラジニーシに会いに行ったり、釈迦《シャカ》の足跡をたどるインドの旅を始めるんです」

学校では「砂浜の出会い」での〝地球の穴〟体験をきっかけに、子どもたちの求める授業づくりに情熱を傾けていく。その授業づくりの作業のなかで鳥山さんは、さまざまなタイプの男と出会う。

「人を好きになるというのは、どういう体の状態から起きているのか、私や男の抱えている問題は何なのか、その男に代表されるクラスの子どもたちの父親や、夫婦の持つ問題を追求することに、私の体がどんどん突き進んでいった。女としての体を成熟させることでもあったんです」

最初に出会ったのはインド旅行で知りあった技術者だ。彼は、自分の会社を持ち、政府開発援助（ＯＤＡ）の仕事などで南太平洋諸島に冷凍装置をつくったりしていた。

「どうやって男が社会で自分を保ちながら自由に生きているのだろう、どういう夫婦の関係をつくっているのかに興味があって……。ところが付きあいはじめると、金は稼ぐが、連れあいとか女との関係になると未成熟で、母親のように相手に甘えていて、自分の成長をストップさせていることがわかってきました」

付きあいはじめて半年後、その男の妻は睡眠薬を飲んで自殺未遂を起こす。

「男が私にひんぱんに電話をかけたりしているのに嫉妬《しっと》して睡眠薬を飲むんです。危機一髪で助かるんですが、自殺という手段で夫を脅迫する妻の側の問題だけでなく、自分の妻との関係さえうまくできない男の実態を見せつけられた感じです」

未成熟な男に直面して

付きあっている男の妻の自殺未遂にあって鳥山敏子さんは、成熟していない夫婦の問題に関心を高めていく。中野の小学校に異動して二年目。「ブタ一頭まるごと食べる」授業づくりのため、材料集めをしていたときのことだ。

「全国『ひと塾』で、いま、豚肉など肉のことを調べていて、違った角度から『命を考える』授業を追求していると話をしたら、関東地方の高校の先生が、『協力してもいいですよ』と言ってきて……」

鳥山さんは、その教師に協力してもらい、授業づくりに取り組みはじめる。彼は鳥山さんより十歳若いが、寝る間も惜しんで授業研究に没頭し、生徒からも慕われていた。

「ところが付きあってみたら、一人っ子で、両親から溺愛されて育てられたため自立できず、人間的に未成熟なんです。その自分と直面するのが怖くて、熱心な教師をやってたんです」

鳥山さんは、彼を自立させようと竹内敏晴さんのレッスンにも連れていく。

「そこで明らかになったのは自分の意思をはっきり出せない、相手の顔色を見る。彼がいちばん怖がっているのは親から拒否されることだとわかっていくんです」

父親は校長で、家では妻に暴力をふるったり、怒鳴ったりしてストレスを発散させている。彼の部屋の壁には「人生はどのように生きるべきか」といった父親の書いた精神訓話の色紙が張ってある。

「彼はワークのサイコドラマでは、カーッと怒った父親の役ができないんです。父親、母親には最高に『いい子』を要求されるから、すごく礼儀正しい。父親の声を聞いたとたん、『はい』とか言って緊張するんです。すごく抑圧されていたんだなあと……」

両親は、子連れの女性に息子をとられたらたいへんと必死になって引き戻しにかかる。

「父親、母親が交代で病気になって入院したり、父親が夜中に外に飛びだし、紙に火を付けて燃やしたり……。すると彼の正体が出てきて、親に引き寄せられていくんです。親の家の近くに住む。だんだん窮屈になって、限界に達すると酒を飲んで記憶を失って、窓から飛び降りるふりをしたりして、めちゃくちゃに自分を傷つける……。彼とは八年間、付きあいましたね」

その後、授業づくりで出会ったのが十歳若い四十代の演出家だ。サラリーマンを拒否して、妻子を養う生活費は、展示会場などの解体作業で稼いでいた。

「彼はアル中で、酒の味をうまくするため昼間は水も飲まない。夜に酒を飲むと体がほぐれて楽しくなる。奥さんは寂しさを新興宗教で癒している。それが彼にはおもしろくない。おたがいに自分自身の問題に向きあわないようにするため酒と神様が必要になっている。どうやったら夫婦がナマでぶつかれるのかと私が乗りだしていくんです」

付きあっていくと彼の父親も酒を飲み、夫婦の会話がない状態で育てられたが、彼は親の愛情を求める代わりに酒を飲むことで解消していることがわかってくる。

「私は一人の男と、ていねいに付きあうことで、本人さえ気づいていないさまざまな問題が出てくる。多くの男たちは幼児期からの親との関係で、自立できていないんです。そのことから男と女の問題がいまの学校教育、社会の問題へと結びつき、どうしたら男と女も自立した大人へと解放されていくのかという問題に私の体が動いていくんです」

弱みをさらけだす母親

鳥山敏子さんの長女、雅代さん（二七歳）は、現在、南ドイツ地方のシュタイナー学校で、ドイツ人の夫とともに先生をしている。こうした父親、母親の生き方をどのように受け止めているのだろうか。

「小さいときから、母はブタの授業や農業をやったり体を動かしたりする授業に私を連れていきましたから、母を尊敬し、私の目標でもあったんです。父は、どこかで敬遠していたというか。父は相手に合わせたり、まとめたりすることを優先し、自分を主張しない人だったんです」

小学五年のとき、担任の教師と衝突したことがある。

「父に『先生はへんなところで怒ったりして、ほんとうに生徒を見ていない』と訴えたら『まあ、そんなことを言わずに、先生だってたいへんなんだから』と。ああ、全然わかっていない、お父さんは、という感じでした。母は『うん、それは雅代が正しい。先生も好き嫌いがあって、自分の気に入る子だけをよくするのはよくないから、できるだけ先生に言いなさい』と。彼女自身、好きなことをやっていたから、子どものことも認められた。だから私も自由に生きられたんです」

だが、思春期で揺れ動く雅代さんにとって父母の別居は厳しく、つらかった。

「そのときちょうど、母は一緒に仕事をしている先生と親しくなっていて。私にとってショックで、理想の母親像が壊れたというか、絶対的な存在だったのが崩れてきて、それなら私も好きなことやってやろうと思って羽目を外したり……。当時の私の気持ちは頼りたいけど、突き放される。好きだけれども、憎しみが出てきて、日記に『お母さんは死んだ』と書いたんです」

高校生時代は、そうした母親に反抗して、年上の妻子ある男性と付きあう。

「父親に満たされなかった部分と、人に依存したいという部分が重なって、竹内演劇研究室で知りあった十六歳も年上の人と親しくなって……」

娘の行動は、当然、母親の鳥山さんの耳に入った。鳥山さんは、娘が交際している男の家に「付きあうなら本気で付きあえ」と電話したため、雅代さんは彼の奥さんと話しあうことになる。

「最初は母の行動が頭にきましたけど、奥さんに出会ったとき、この男はいい加減な人だとはっきりわかりましたね。経過を説明したら、彼女も自分の仕事や生きてきた道を真剣に話をしてくれて……」

鳥山さんの行動は、結果的に母親と娘とのあいだにはっきりとした境界線を引くことになり、娘は一人の人間として成長していく。

「中学になっても娘は母親の私を絶対視していて、私の言葉が即娘の言葉になっていた。これはまずいと思って、娘を意識的に突き放すことにした。結果的に一時期、混乱しましたが、時間をかければ、あとから整理していけるという確信があったんです」

娘の行動を薄氷を踏む思いで見守っていた鳥山さんだが、覚悟はしていたものの、それが子離れの儀式となった。

「母は自分の弱みを含めて全部を私にさらけだしてくれたんです。自分を変えなくてはと、ズタズタになりながら人生に正直にかかわっている母の姿が子どもの私にもわかりましたから、捨てられたという気持ちはなかった。自分をさらけださず、世間体を気にする母だったら、私はいまでも母に依存して自立できない人間になっていた。私の人生も変わっていたでしょうね」

子どもは親の世間体に

中野の小学校で授業づくりに情熱を傾けて三年たったころからだろうか。最初は鳥山敏子さんの授業に共感するが、陰で批判したり、うわさしたりする母親たちが出てきた。

「家族という閉鎖された空間での子どもの姿が見えにくくなり、家族のプライバシーの尊重が皮肉なことに、いっそう、子どもたちを家庭に閉じこめていく結果になった。それまで比較的社会の子として存在した子どもたちが親の世間体を保ったり、親の評価を高める存在として無自覚に親に利用されていったんです」

子どもたちは親から「人に迷惑かけるな」とか「自分のやるべきことはやれ」「まったくしょうがないやつだ」「だれのおかげで食ってるんだ」といった言葉でなじられ、追い詰められていく。

「考えてみると高度経済成長に入って、偏差値による選別が強まり、受験戦争が激しくなった。受験勉強一筋で親の期待にこたえようと頑張るいい子が出てくる。その一方で無関心、無感動、無責任などと、自分たちの問題を棚上げした親や教師たちに批判されたり、切り捨てられたりする子どもたちも増える。いずれも大事にされる体験の少ないまま親になり、その子どもたちが、その親から同じように追い立てられているという構図が見えてきたんです」

親だけでなくマスコミによる教師、学校批判が高まるにつれ、学校では管理が強まり、会議と研修で放課後に子どもと話しあう時間がまったくなくなり、教師たちはいっそう窮屈になっていく。一九八九年に再び昭島市内の小学校に異動したが、状況はもっとひどかった。

「親は担任に直接、不満を訴えず校長に行く。いくら直接話をしたいと要求しても管理職の多くは、自分も親も傷つくことを恐れて、ぶつかりあうことを回避してしまう。私は、小さなすきまで、かろうじて息をしながら存在する、岩穴に閉じこめられた孫悟空みたいな感じで、ほんとうに人が生きる道は何か、ほんとうに子どもたちに必要なことは何なのかと、自分や子どもたちの体に問いかけながら探しつづけるんです」

三年を受け持ったが、子どもたちも、学校という集団のなかに納まりきれず、暴力や言葉でたがいに傷つけあっている。そうした実態に鳥山さんの体は叫びはじめる。

「教師の個性、自由、創造性なくして、何が子どもの個性、自由、創造性だ。教師の言論の自由がなくて、どうして自由な子どもたちを育てることができるのか。私の体がいくら訴えても、学校はどんどん息苦しくなっていき、親にも本音で話をする教師が少なくなっていったんです」

一九七八年以来、夏休みに続けているインドの旅は、やがて中国、モンゴルへと広がり、五百年も岩穴に閉じこめられた孫悟空の姿に、学校に納まりきれず苦しみ、もがく自分と子どもたちの姿が重なりあっていく。

「モンゴルから帰って、学校外に有志の親たちと『子育ての会』を結成して馬頭琴《ばとうきん》コンサートをやった。ほとほと親に疲れていた私が親とつながることを始めたんです。その体験から『この指とまれ』方式で、学校の枠の外で希望者をつのって孫悟空の芝居をやってみようと……。その芝居を通して、子どもと親がどんな問題を抱えているかを突き止めたい。覚悟した人たちだけを集めて、どうしたらよいのか解決の可能性を探ろうと考えたんです」

自分を表現できない

鳥山敏子さんの予想通り、孫悟空の芝居づくりを通して、親と子どもが抱えている問題が噴きだしてきた。

「子どもたちは学校より規制の少ない孫悟空の芝居に取り組むなかで、さまざまなことをやりだすんです。その一つひとつの事実に向きあっていくと、私の知らない親子関係が姿を見せ、子どもたちの行動のナゾが見事に氷解していったんです」

その一つが孫悟空役の考治君だった。考治君は最初の馬頭琴コンサートの朗読から四年も付きあい、小学校では担任を二年続けていた。自ら孫悟空役を希望したにもかかわらず、声がいまひとつ弱い。

「十七年かかって大海を渡り、仙人に入門を願いでる肝心な場面で、邪魔をする弟子たちを『エイッ』と、なぎ倒していくのに、声が小さい。感じていることをあいまいにしないで。思いきり『できないよ』と叫んでも、泣いてもいいよ。そこからスタートしようよと励ますんですが……」

考治君は感じることをストップさせているため、「いやだ」「できない」という言葉がはっきり言えないのだ。

「そのうちに考治の声が出ない理由がわかるんです。彼の母親があるとき、私に『考治が心を閉ざしたのは気の進まないことを力ずくでやらせたからだろうと思います』と、言ってくるんです」

明らかになったのは、考治君の父親は大企業の猛烈サラリーマン。過労死寸前の体で残業を続け、真夜中に帰宅しても、家で仕事をし、寝るのは午前二時か三時。ふだんは優しいが、機嫌が悪いと「トイレを掃除しろ」「部屋を片づけろ」と命令し、反抗でもしようものなら「なにい！」と手が出る。ときには棒で考治君をたたいて従わせてきた。

「考治の親は、彼が乳幼児のころから、感じて行動することを大切にしてこなかった。考治のためだと、一方的に強要し、操作し、大声で怒鳴り、暴力をふるったりしてきた。そうなると子どもは恐怖で脅え、自分をのびのびと表現できなくなるんです」

日本の学校は、自分を押し殺して上からの命令に従うのが最高の美徳、栄誉としてきた明治以来の富国強兵政策の一翼として機能してきた。戦後の民主教育でも、小学一年から学習指導要領に従って進められる教室の授業が、考治君のような受け身になる子どもを育ててきたのだ。

「それに考治の場合、抵抗すれば、さらに父親の暴力がひどくなると思った母親は、ただ夫が静まるのを待っていた。考治から見れば、母親が自分を守ってくれなかったことになる。そのことに気づいた母親は、夫に『暴力を続けるなら離婚したい』と突きつけたんです。当然のことですが母親が子どもを守ろうとしたら、考治が変わりはじめて、声が出るようになったんです」

こうした場面は、グループ現代の岩田まき子カメラマン、四宮《しのみや》鉄男編集により「どんな大きな空よりも、もっと大きなものがある――みんなが孫悟空」という記録映画となった。三時間半という長編だが、各地で映写会が開かれている。

「日本の男は昔は戦場に駆りだされたが、いまは企業戦士で、利潤追求に駆りたてられている。日本中の父親の多くが考治の父親と同じ地平に立っているような気がしてきて。自分の矛盾した行為をしっかり見つめ、何が原因なのか、自分自身の育てられ方も含め、自分史をたどらなければならないのは父親なんです」

真のつながりを取り戻す

鳥山敏子さんが宮沢賢治に、みずからの生き方を重ねあわせていくのは、孫悟空の芝居に取り組む二年前のことだ。

シュタイナー学校のユーゲントゼミナールに通っていた娘の雅代さんが、「尊敬する人物のレポートをまとめる」という課題のため、宮沢賢治を調べたいと一時帰国したのがきっかけだ。

「何度も教師生活に行き詰まりながら仕事をしてきた私にとって『教師をしていた四年がどんなに楽しかったか、私は小鳥のように毎日歌って暮らしていた』という賢治の言葉が頭にきて……。どんな授業をしたんだろうと娘と初めて足跡をたどるんです。『ほ、ほーっ』と奇声を上げながら宙に舞ったという賢治の体に、ただ者じゃないぞ、と」

五年かけて鳥山さんはグループ現代のスタッフとともに、賢治の教え子たちを訪ね、その証言を記録映画にもした。

「七、八十代になっている十六人の教え子たちに会って、賢治のメッセージが体に入っている人と、いない人がいるわけですよ。何が原因だろうと考えたら親とのつながりがカギになっているんです」

鳥山さんがひかれたのは、賢治がいまから七十年前、羅《ら》須《す》地《ち》人《じん》協会を設立して書いた「農民芸術概論綱要」だ。そのなかで賢治は「世界がぜんたい幸福にならないうちは個人の幸福はあり得ない。正しく強く生きるとは銀河系を自らの中に意識してこれに応じていくこと」と、呼びかけている。

「賢治は『宇宙の心』、つまり人間の心のなかにある時代を超えたものを言葉にして、私たちに教えていると思うんです。ところが宇宙や自然、そして人間はつながっているはずなのに、人間は断ちきってきた。そのつながりを取り戻すことが、いまを生きる私たちの使命だと感じたんです」

子どもどうしの、親たち、教師たちの人間関係が断ちきられているのは、たがいに比較し、評価し、ランク付けして、選別されてきたからだ。

「賢治は、『どんぐりと山猫』の新刊案内で書いています。評価そのもの、人と人を比較すること、そしてすべての比較を否定しているんです。比較せずに一人ひとりが、夫婦が、親子が、依存しあうのではなく、個として立つことができたときに、ほんとうのつながりができると思うんです」

鳥山さんは、三年前の一九九四年に教師生活にピリオドを打った。そして一人ひとりがほんとうのつながりを取り戻し、人間に成長していく場として「賢治の学校」づくりを呼びかけた。家庭こそが、夫婦、親子、きょうだいがつながり、子どもが天からもらった才を発揮していくことを保証する「賢治の学校」になり得ると訴える。

「親たちが変わることで、子どもたちがほんとうに変わっていく。人の評価を気にしたり、親の期待にこたえることで、自分が自分であることを許されない状況を変えないかぎり、ほんとうの意味でのつながりはあり得ないんです」

一九九五年九月に建物をもった「賢治の学校」を長野県に開校、一期、二期合わせて三十人近くの人たちが合宿生活を送った。三期は一九九六年七月から場所を岩手県の東山に移したが、一九九七年二月に終了。

一九九七年五月からは東京・立川に、合宿などの共同生活はせず、通いで行う「東京賢治の学校」を準備開校。「生まれ変わる家族」「虐待に向かいあう」「子どものからだを感じとる」など、さまざまな講座を週一回などのペースで開いている。

建物はないが、人びとが集まってワークを中心に展開する賢治の学校は、各地で開かれている。ワークに参加した人たちは数えきれない。癒され、自分の問題に気づいて新たな親子関係を取り結ぶ人、いまだに悩み苦しむ人……。「賢治を生きる」人びとのつながりの輪は大きく広がっている。

第5章　私は私——過食嘔吐からの脱出

学校教育改革が叫ばれて久しい。だが現実は、ランク付けされている〝受験高校〟に偏差値という単一の尺度で振り分ける進路指導が依然として続いている。

自分がしたいことは何かを優先するよりも、親や周囲の期待にこたえようと自分を抑えてしまうよい子たち。一生懸命に勉強して有名大学から一流企業に入ったまではよいが、今度は自分が何をしたいのかわからなくて悩み苦しむ。

中、高校生の女の子たちのあいだでひそかに増えている過食・拒食の摂食障害も、社会や親からの支配や圧力に体が拒否反応しているように見える。自分探しに苦しむ人たちに焦点を当ててみよう。

私を苦しめた過食嘔吐

アメリカ・ニューヨーク。日本人観光客が集まるワシントンスクエアや画廊街のソーホーから歩いて十分。高級な店やレストランが並ぶ五番街と、アメ横のような安売りの店が軒先を並べる一四丁目の交差点。その近くに白壁の二十階建てのビルがある。

入り口には黒人のドアマンが二十四時間立っている。背広にネクタイを締め、帽子に腕章を付けている。顔なじみの住人が出入りするたびに白い歯を見せ、「おはよう」などと気さくに声をかけている。

なかに入るとソファが置いてある待合室。エレベーターを十階で降り、左に行って突き当たりに、霧子さん（三一歳）の部屋がある。

霧子さんは二年前までは日本で有名なレコード会社で仕事をしていたキャリアウーマン。海外渉外課に所属していたときは、年に十数回は海外に飛び、日本でレコードを販売する海外アーティストのスタッフと会って、情報を集め、雑誌の取材のスケジュールなどを決める仕事だった。担当したなかにはマイケル・ジャクソン、フリオ・イグレシアス、グロリア・エステファン、アリス・クーパーもいる。

得意の英語を駆使して、世界的なアーティストを相手に飛び回る生活は、女性の仕事としては最高の部類に属するだろう。だが霧子さんは、私生活では、だれにも知られたくない過食嘔吐《おうと》という悩みを抱えていた。ひどいときは、朝出勤する前と帰宅してからの二回、食べては指をノドに突っこんで吐いていた。

「私の摂食障害は中学時代から十五年も続いていたんです。最初は気にしてなかったんですが、だんだん、普通に食べるという当たり前のことができないということで悩み、苦しんで……」

吐くために無理やり食べる。三十分かけて吐く。くたくたに疲れて、何も考えることができずボーッとして、あとは神経がまひした状態で寝るという快感は、アルコールを飲んだり、マリファナ、覚醒《かくせい》剤を使ったりした状態に似ていないだろうか。

霧子さんは、摂食障害から脱出しようと、カウンセリング、イルカツアー、アートセラピー、針きゅう……と、さまざまな体験をし、離婚したうえ、ついに華麗な仕事まで辞めた。

ニューヨークで自分のやりたいと思った絵をかきはじめて一年。あれほど苦しんだ過食嘔吐は止まったのだ。

心の穴を食べ物で埋める

霧子さんに出会ったのは一九九三年の五月。名古屋で開かれた第一回日本嗜癖《しへき》行動学会で、過食嘔吐の体験を大勢の参加者の前で披露した。

「私は現在、食べ吐きの真っ最中で、英国人の夫とも別居しています」

重い問題を抱えている女性にしては、淡々と、しかも話の内容が生々しかったので取材意欲をかきたてられた。終わったあとに名刺を差しだしたら「私、いま話をしたい気分になっているので、いいですよ」と、応じてくれた。それから五カ月後の十月、東京で会った。

「最近は少し回数が減って、一日おきぐらいですけど、実は昨日もやってしまったんですよ」

「昨日も」と言われて、じっくり顔を見た。皮膚の色つやもよく、過食嘔吐と言えば、骨と皮だけのような、ガラガラにやせた体をイメージさせられる。だが霧子さんは、太っても、やせてもいない。過食嘔吐する人の多くは指をノドに突っこむときに指に歯が当たるので〝吐きダコ〟を作ったり、胃酸に侵されて歯がボロボロになっているが、霧子さんにはまったくそういう節がない。

「ほんとうに昨日も？　いったいどんな気持ちで、何を食べ、どんな状態で吐くのか具体的に聞かせてくださいよ」と、思わず聞いてしまった。

「昨日は一日、渋谷の街頭に立って、発売したドリカムの新曲レコードの販売促進ＰＲをやったんです。全社員が駆りだされてしまって、風船を渡したり、一日中立っていたんです。終わって映画を見ようと思ったんだけど、すごく疲れて、帰って寝ればと思うけど、ばかばかしい一日だったという罪悪感があって、すぐに家に帰りたい心境ではなかったんです」

夫とは過食嘔吐がきっかけで別居して六カ月。マンションの自宅に帰っても、だれも待っている人はいない。

「とりあえず温かいものを飲もうと渋谷駅の地下でカフェオレを飲んで、飲んだらおなかがすいてきて、ケーキを注文したんです。これ食べたら罪悪感が引き金になって過食するなと、いつも頭でそんなことを考えるんです」

空腹を我慢できず、次にカレーライスを注文した。

「どうせ食べるなら体にいいものを食べたらいいのに、半分残そう、半分にしておけばいいのに、ここまで食べちゃった、こんな食べ方しちゃいけないなと思いながら結局、全部食べちゃって。カロリー的には大丈夫なのに、頭は食べるべきじゃないものを食べちゃったと、それまで利かせていたブレーキのスイッチが切り替わったんですね」

禁断の木の実を食べてしまったという罪悪感のようなものなのだろうか。いつもの過食嘔吐をする前の心の葛藤が始まった。

「心のなかに空虚感というか精神的な穴みたいなのが開いて、どうしても、その穴を埋めたい感じになる。それがあせりになって、とりあえず食べ物で埋めたい。そのまま帰って、おふろに入って寝ればいいんだと思うけど、それでは収まりそうもない。イライラしてきて、それを放っておいたら取り返しがつかないようになる。穴を見たくない、イライラを解消する代わりのものが見つからないから、食べちゃおうと。決めたとたん、何かスイッチが切り替わってしまった感じなんです」

鏡に映る膨らんだおなか

食べると決めた霧子さんは次の店に素早く移動した。

店を出ると、すぐ近くの別のファストフード店に入った。

「家に帰って好きなものを作ろうと思ったけど、面倒くさい。まだ寒いので、カフェオレをまた注文して、甘いパンを食べたんです。食べて吐こうと思いながら、ためらいがあって……。でも家でやろうと決め、店を出たんです」

急行停車駅で降り、駅前の高級スーパーに入った。味付けしてある焼きそば、五百ミリリットルのアイスクリーム、柔らかい、きな粉棒を五本買った。途中、コンビニで、フランスパンにプリン、一・五リットル瓶のジンジャーエールを追加した。

「きな粉棒を食べながら家に着いて。着替えして楽な格好になって、手紙や電話をチェックし、台所にある小さなテーブルに座って、まず電子レンジで温めた焼きそばを食べ、それから冷蔵庫にあったブルーチーズをクラッカー風のパンに載せて。そのあとバターをたっぷり付けてフランスパンを一本、そしてデザートにアイスクリーム、プリン、ジュースと……」

不思議なことに、食べるものは、母親から禁じられたスナック菓子とか合成着色料を使った甘いもの、それにダイエットでは避ける脂っこいものが多い。

「いつもはスパゲティを三百グラムゆでてミートソースで食べるんですが、大量に食べたり、飲んだりしてると、ほんとうに子持ち金魚みたいにおなかがはちきれる感じになって。等身大の鏡のなかの自分の姿を見て、妊婦みたいだなあと。全部下着を取っちゃって。そうすると落ち着いてきて、穴が埋まった状態というか充実した気分になって、手紙や日記を書いたり、友だちに電話したりするんです」

水分を取らないとノドに詰まって窒息しそうになるので、ジンジャーエール一本、英国の紅茶をポットで作り、マグで三、四杯は飲んだ。

「そうやって三十分すると、気持ち悪くなって、トイレに入って親指と中指をノドに突っこむんです。前は一本だったのが、いまは二本で。最初のころは、パッと食べて、ああいやだとすぐ出しちゃった。すごく苦しかったし。けど、だんだん吐くことに爽快感《そうかい》が出てきて、吐くために食べるという感じなんです」

一度に吐くのではなく指を入れ、出してはまた入れて、と十回程度くり返す。

「すごく疲れますよ。いきなり出しちゃうと低血糖になって、立ちくらみが起こるんです。昨日はおふろに入ったら低血糖現象が起きて、しょうがないからオレンジジュースを立てつづけに二杯飲んだら、お腹がゴロゴロ動いたんです。下からは二、三日出してなかったんで、三杯目を飲んで。固形物を入れたらもっと動くと思ってミカン、リンゴ、ビスケット、水分として牛乳とヨーグルトを食べたら、量がいっぱいだったんで、またおなかが膨れてきて、今度は上と下から出したんです」

すっぱい胃液が出てきたら胃に何も残っていないという証拠。手を洗い、口をゆすぎ、歯を磨き、おふろに入って過食嘔吐の儀式は終了した。午前一時だった。

「へんな話、ものすごい勢いで出てくるんで飛び散るんですよ。そのハネをシャワーできれいに流して、清めちゃうんです。汚いものを全部出したという清めであり、流れでていくときに感じるある種の爽快感、私は吐くことに意味があったんですね」

ブクブク太るのは罪悪

「いつから過食嘔吐を始めたのか覚えてないけど、ダイエットを始めたのは中学二年生の春で、学校の健康診断で『太りすぎだ』と言われショックを受けて。二、三カ月で五キロほど減って一段落ついたけど、何をどう食べるかがわからなくなったんです」

霧子さんが通ったのは、小学校から大学まであるミッションスクール。「自由な校風」を掲げていた。

「制服ではなく私服通学なのに、その実、保守的このうえないという典型的なダブルスタンダードを備えていて。生徒のあいだにもお嬢さんといった外見での競争意識が強くて。中身よりも外見重視だったんですね」

体重を五キロ減らしたまではよかったが、育ち盛りの旺盛《おうせい》な食欲をコントロールするのは至難の業だ。

「ある日、無性に甘いものが欲しくなって、『ママ、甘いもの食べたくなったんだけど、食べると太りそう』と泣きついたら、『いいじゃない、食べたあとで吐けば』と言われたんです」

母親の助言で、食べて戻そうとしたが苦しくてうまくいかない。そのうち、どうやら吐けるようになっていく。

「母も、やってたんです。『庭の栄養になるからいいのよ』なんて言ってたし。あとは下剤を使ってましたね。母の中、高時代から一緒の仲良しグループが三人いて、家に遊びにきてダイエットの話なんかするんですよ。そばで私、聞いているんです」

おしゃれな服装の四十代の女性たちが紅茶を飲みながらの会話は、もっぱら「ずいぶんやせたわよね」「ほっそりしてきたわね」「そりゃそうよ、努力してますもの」といったやりとりが中心だった。なかでも三人のうち太めの女性が関心の的になっていた。

「帰ったあと、母はその人のことを話してくれるんです。あの人は意志が強いから生活や食生活をコントロールして、偉いわね。食欲があって、どうしても甘いものや脂っこいものが食べたい。だから一週間に一度だけ自分で吐くことを許しているんですって。いっぱい食べたあと、下剤をかけている。『ママもそれをまねしてやってるのよ。一週間に一回なら習慣にならないし、食べ物に対するストレスも解消できるからいいと思って』といった具合なんです。そういうことは悪くない。逆にブクブク太っていくのは罪悪だと、常に私は母から聞かされていたんです」

そんな環境のなかで中、高生時代は週末に一回、多くて週に二回の過食嘔吐を始めたのだ。

「生徒会長をやったりして、私は〝いい生徒〟だったんです。人生について悩むのは青くさく、恥ずかしかった。反抗しようとする理想像もなくて。過食嘔吐さえなければ、実にクールな中、高時代を過ごしたんです」

高校三年のとき、交換留学で英国のグラスゴーに一年、ホームステイした。

「そのときロンドン空港にボランティアで出迎えてくれたのが離婚した夫のジミーで、彼は日本に留学したことがあって日本語が少しできるんです。そのときは別に何もなく、帰国してから手紙のやりとりする程度でした」

留学中は、親や学校での〝評判〟を気にせず、ほんの少し自立気分を味わった。だが帰国してみると、過食嘔吐していたのに六キロも太っていた。母親からも「ここは英国じゃないのよ」と言われ、自立の芽はしぼんでしまうのだった。

負い目と優越感と……

霧子さんが進学したのは付属の母校に当たる大学で、社会学部社会学科を選んだ。

「社会心理の有名な先生がいて、その先生の本を読んだらおもしろかったんで……。社会心理のゼミも楽しく、交換留学生のボランティアを手伝ったり、塾の先生、家庭教師、通訳とバイトに励み、旅行もし、ひと通りの学生生活を楽しんだんです」

だが心のなかは複雑だった。

「同じ交換留学生の友人たちが超一流の大学に合格したのに、私はほかの大学を受験する冒険をしなかった。そういう負い目を感じると自虐的になり、その一方では推薦入学で他校に行けるのに、私は蹴ったのだという優越感に浸ったりして……」

過食嘔吐は、大学に入ってから毎日、くり返すようになった。

「三、四軒のファストフードの食べ歩きをやって、ハンバーガー、フライドチキンと……。苦しくなって、もうこれ以上入らないところまでくると駅のトイレなどで戻すんです。私は規範から外れるのを嫌っていたんです。心のどこかで外れてるのを感じつつ、でも大丈夫、ちゃんとなかに入っていられるという確認のために過食嘔吐していた感じなんです。吐いたあと、『よし、これで大丈夫』と、自分にハッパかけて。でも過食嘔吐しているという事実は認めたくなかったんです」

社会心理のゼミでカウンセリングの授業があっても、自分の抱えている過食嘔吐の問題は出さなかった。

「摂食障害の本を読んでも、書いている人がほんとうに理解しているようには思えなかったし、こんな人たちにかかったら薬漬けにされると……。それに普通に生活している現状を揺さぶられたくない。ボロが出ると、もうおしまいだ。ほんとうの自分はだれにも見せられない。一生隠し通そうみたいな決心ができたんですね」

大学三年の夏休みに二カ月間、ヨーロッパ旅行を楽しんだ。

「ロンドン空港で知りあい文通していたジミーは、そのときはパリに住んでいて。彼にパリを案内してもらっているうち仲良くなって。二週間一緒にいて、そのあと、彼はニューヨークに帰り、私は一カ月の語学研修でスペインに。ところがビザの関係で、彼はアメリカを出なければならなくなり、スペインに来て、また一週間いたんです」

　霧子さんに一目ぼれしたジミーは、三カ月後、東京にやってきた。

「東京で日本人と一緒に広告代理店の仕事をすると言うんです。ほんとうはすぐにでも私と結婚したかったらしいんですが、私はまだ学生でしょ。私も仕事を見つけたいから、それまで待っててと。彼も了解して……」

　いざ就職となると、何をやりたいのかわからなかった。カウンセラーへの道も考えたが、ゼミの先生のカリスマ性が気になっていた。

「というのも、ゼミの先生が訳したオランダの精神科医が日本に来て、その講演を聴いて感激したんです。それでヨーロッパ旅行のとき、オランダの先生の家を訪ね泊めてもらった。先生の話は、『アメリカはヨーロッパの子どもだ』とか、『文化があるのはインドネシアと日本だ』とか。見方が一方的で、その自己中心的な人間観に失望させられて。そういう人がやってる心理の世界に入ると、それで終わりのような気がしたんです」

　仕事として何をやりたいのかわからなかった霧子さんは、とりあえず大手出版社を受けてみた。

「見事に落とされたんです。拒絶されたみたいで、二度と味わいたくない恐怖みたいなものを感じて、絶望的になったんです。大学に進学するときも、その恐怖を避けるため受験しなかった。そのくせ逃げた自分を責める。就職では逃げなかったら、やっぱり駄目だったという二重のコンプレックスを負ってしまって。私、拒絶に弱いんです」

家電メーカーに勤務していた叔父の推薦もあって、アメリカ系の大手コンピューター会社に就職が決まった。一九八九年四月のことだ。

「私は一流でも男女差別のある会社はいやだった。そこは男女を機会均等に扱う会社で、コンピューターが好きかどうかはわからなかったけど、キャリアになれると思ったし、母も問題ないと。でも父は『お前は向かない』と」

ところが入社して半年後に辞めてしまう。

「ずっとコンピューターの前に座る仕事で、一緒に入った人たちは学生時代にプログラミングして何百万も稼いだとか。最初の研修はおもしろかったけど、だんだん細かくなっていって。商品のコンピューターについて深く知っても自分には何もプラスにならない。こうして人生を過ごすのかと思ったらいやになってしまったんです」

仕事がつまらないと思ったら最後、会社では自分を殺さなければならない。我慢すればするほど、ストレスはたまり、過食嘔吐は激しくなっていく。ひどいときは早朝の出勤する前と、夜、帰宅してからの二回くり返すようなった。

「吐いて、これで一日を始めよう。仮面をかぶって外に出ていく用意ができた。帰ってきて、仮面をぬぐために吐く。ほんとうに完全武装して出勤するという感じなんです」

当時は現在と違いバブル時代。新聞の求人欄には有名企業が募集広告を出していた。

「人間に失望感があって機械を選んだんですが、やっぱり人間相手の仕事がいいやと、英語ができるから、いろんな国の人と会える国際的な仕事がいいなと。三十歳未満で英語ができる人、経験不問というので、受けたら採用されて。母は最初、いやがっていたけど、会社の名前が大きいから納得したみたいなんです」

業界第一位、名前も知られているレコード会社だった。

それから半年後。東京で仕事をしながら霧子さんとの結婚を待っていたジミーは、早速、結婚を申し入れてきた。

「大学を卒業し、仕事を変えて、それでも私が何かとゴテゴテ言ってるから、『なんで結婚しないの。四年も待ってるのに。しないなら、ぼくにはぼくの人生があるから別れよう』と迫ってきたんです」

霧子さんにとって過食嘔吐は、罪悪感から人には絶対に明かせない秘密で、そのため結婚も考えていなかった。

「ツルの恩返しという話があるでしょ。ツルが機《はた》を織っている姿を見られたくない。あれと同じで、過食嘔吐は秘密の儀式なんです。いま思うと自分が無理している。仮面をかぶっている偽りの自己なんですね。それで苦しくなっている自分があるんだけど、それを出せない。私はこういう人間です、とさらけだせればいいんですけど出せない。不満を出さずに一日我慢すると、それが三倍、五倍と、膨れあがっていくんです」

「ぼくが治してやるよ」

結婚を、と迫ってくるジミーに霧子さんは、「私は結婚できない身なの」と、答えていた。だが「なぜ」と、しつこく聞いてくるので、初めて赤の他人である彼に「私は過食嘔吐という問題を抱えているから結婚できないの」と、告白してしまった。

「彼は、ブリミア（摂食障害）についてては何も知らなかったんですが、『大丈夫だよ。ぼくと結婚すれば、そんなの治してやるよ。それは問題じゃない』と言われて。私、その言葉に参ってしまって。結婚するという感じにはならなかったけど、彼と別れるのは寂しいし……。いまだったら、とりあえず同棲《どうせい》したでしょうね。そして様子を見る。だけど当時は怖かった。世間体でしょうね」

その一方で霧子さんは、自分を追い求め、頼りにしてくるジミーを、逆に支配することで精神的な安定を得ていた。つまり共に歩むのではなく、支配する、されるという関係を求めつづけていたのだ。

「もし彼が追っかけてこなかったら、それで関係は終わったと思うんですよ。追っかけさせることで完全に彼を支配下に置いていた私にとって、別れることは恐怖だったんです。絶対に私を拒絶しない人である彼を失うことは耐えられなかった。そのほうが相手をコントロールできるし、都合がよかったんです。それに結婚して母の元を離れる口実にもなったんです」

一九九一年六月に結婚。霧子さんは二十六歳。ジミーは十歳上の三十六歳だった。

だが両親と別れて結婚生活を始めてみると、過食嘔吐が予想した以上に大きな障害となってきた。結婚当初は、夫がいるマンションでは吐くことができず、外で吐いて帰っていた。

「そしたら『なんで帰りが遅いの』と聞くから実情を話したら、『じゃあ吐くときは家からぼくが外に出る。電話を入れてOKなら戻るよ』と。二カ月ほど続いたけど、冬になって寒いから外に出られない。吐くときは夫は隣の部屋でビデオを見て、音が聞こえないようにしたんです」

吐くためにスパゲティを大量にゆでたり、疲れたときは、コロッケ、フライドチキンなどの弁当、すし、サンドイッチを買ってきてはムシャムシャ食べる姿に、夫は我慢できなくなっていく。

「夫が英字新聞に出ていたNABA（日本アノレキシア・ブリミア協会）の記事を見て、これに行ってみればと勧めてくれたんです。でも気が進まずにいたら、夫婦げんかしたとき、夫が会社に電話かけてきて『頼むから行ってくれよ』と。『あんたがそんなに言うなら行ってあげるわよ』って捨てぜりふを吐いたんですけど、仕事で駄目に……」

NABAは、八七年から始まった摂食障害を持つ人たちの自助グループ。週に一回ミーティングを開き、月に一回「いいかげんに生きよう新聞」を発行している。

「やっと時間を見つけて出かけて、いちばん初めのミーティングで、ひと言、自分の話をしたら、『いままでの生活がウソで成り立ってます』なんて言葉が出てきちゃって。涙まで流してしまったんです。訳がわからなかったけど、自分で考えてもみなかったことをしゃべってしまう自分が出てくる場に、通えるだけ通ってみようと……。精神科医の斎藤学《さとる》先生から出席率は悪くてもいい、いい加減でいいんだよと言われたのも生まれて初めてだったし……」

もう吐かないで、と夫

霧子さんは、毎週月曜日に原宿相談室に通った。カウンセラーと一対一で、三十分間、話をする。やがて過食嘔吐に対する見方に少しずつ変化が出てきた。

「それまでは過食嘔吐は、自分の意志が弱いからとか、ダイエットができない自分の問題で、自分に責任があるとか思っていたけど、家族や人間関係に原因があると考えるようになってきて……」

そのうちに夫、ジミーのビールを飲む量が増え、台所のゴミ袋はビールの空き缶で、すぐにいっぱいになった。

「結婚前と結婚したあとでは夫との関係も少し変わってきて……。四年間も付きあっていたときは感じなかったのに、何か覆いかぶさってくるというか。それで夫にもカウンセラーに行ってみたらと勧めたんです」

アルコール依存症の場合は、アルコールに依存する夫を支える妻が必ず存在するといわれる。

妻は夫を支えることで充実感を覚える。こうした依存する、される関係を「共依存」と呼んでいる。過食嘔吐をする霧子さんを支えている夫も、何か問題を抱えているのではないかと霧子さんは考えるようになる。

「夫は二回目のカウンセリングから帰ってきて、泣きながら『もう吐かないで。ぼくは君のことを愛している。その愛している人が吐いていて、歯も胃も腸もボロボロになっていくなんて耐えられないよ』と訴えてきたんです」

よく話を聞いてみると、夫も親子関係で問題を抱えていたのだった。

「夫の父はアルコール依存症の酒乱で、彼が子どものころ、床につくときの子守歌は酒乱の父と母のけんか、怒鳴り声。彼は枕で耳を覆って、聞こえないふりをしていたというんです。親の愛に飢えていたんです。彼のカウンセラーに『奥さんに過食嘔吐を隣の部屋でやらせているのは、酒乱のお父さんに対して枕元で耳を覆っていたのと同じだね』と言われたと。それで彼はびっくりして。私も、ものすごいショックを受けたんです」

「酒乱の父イコール過食の妻」という図式に気がついた二人は、相手を支えていたと思っていた自分こそケアされなければならない、という心境になっていく。

「彼の私に対する位置づけも変わってきて。私を支えることで自分の存在感を満足させていた夫が、逆に私に甘えてきて、そうなると私は息苦しくなって……」

霧子さんの仕事は、海外アーティストとの連絡、交渉だ。テレビにも登場する有名なアーティストが来日すると、地方の公演先まで付いて回る。時差の関係で自宅から海外に電話を入れて、親しく話をすることもある。そんな霧子さんに、夫は嫉妬心の火を燃やす。

「毎日、私の勤務先に電話がかかってきて、同僚からは『仲がいいわね』と言われるんだけれど、私にとっては監視されてる感じになってきて。『何時に帰るの』『だれに会うの』『なんでぼくに、そんな話をしてくれなかったの』といった調子なんです」

出張先にまで電話がかかってくるにいたって、霧子さんのイライラがつのる。

「欧米人の習慣かもしれないけれど、なんで『そばにいてくれ』って、すぐ言うの。家にいて私と物理的に近い関係でも、うまくいってないよりはいいでしょ、って。文句ばかり夫に言うようになって」

嫉妬心に火が付いて

いったん火が付いた夫の嫉妬心は、異常に燃えあがっていく。

霧子さんが出張した留守に、夫は家捜しをし、学生時代に海外旅行で知りあった男性から贈られたネックレスの箱と手紙を見つけた。

「前のことだし、関係ないはずなのに『君はウソをついた。ぼくは君を百パーセント信じていたのに。ぼくのことを好きだと言っていながら、こういうことをしていたじゃないか』と。次の日、家を飛びだしたんです」

夫は、三日後に戻ってきて、それまで抱いていた怒りと恨みを霧子さんにぶつけた。

「私と結婚する前は複数の女性と付きあっていたのに、『霧子を見つけてからは、ほかの女性と寝たいとは思わなくなった。それなのにお前は』と。『死のうと思ったけど、死ぬと君に迷惑をかけるから死ななかった』と言って」

それだけで終わらなかった。今度は霧子さんの留守中に手帳から古い住所録を抜き取って、手当たり次第に電話をかけまくり、男がいないかを探りはじめた。

「いま思うと異常ですが、当時は私がいけないんだ、と思ったんです。ほんとうに好きになるとこれぐらいになるのかなと。そこまでいかない私は、やっぱりこの人を信じられない、愛することができないんだと。この男、ばかじゃないかと責めると同時に、自分も責めたんです」

二人の関係を「共依存」と言うのだろうか。甘えられるとたがいに期待して結ばれるが、霧子さんが息苦しさを感じて距離をとろうとすると、ジミーの霧子さんに対する愛情が怒りやうらみに変わる。

「いちばん最初に彼と出会ったときは、それこそ秘密の恋で、私の考えている社会からは逸脱し、世間体を優先する母の手のひらから外れていた。そういう非日常の世界で私は彼になんでも言え、甘えられたんです。ところが結婚したら、私は演じなければならない現実という舞台に戻ってしまった。彼は彼で、私を通して生きていたので、つかまっていた浮輪に穴が開いた感じになって、いっそう孤立感を深め、異常に嫉妬心を燃やしたんだと思うんです」

夫は、霧子さんに送られてくる手紙を開封して、チェックを始める。家庭に霧子さんの居場所はなくなり、どこかに安らぎを求める気持ちが強まってくる。そんなときに海外出張中に仕事先でスペイン人の男性と浮気をした。

「逃避であったかもしれないけれど、私は恋に落ちたと思って。彼に手紙を書いて出したら、なんと料金不足で戻ってきて。それを夫が読んで激怒し、すったもんだの末に『出ていけ』と言われて。なんであのときに限って自分の住所を封筒に書いたんだろうと。それまではスペイン語で、しかも住所も書かなかったのに、その手紙だけはスペイン語と英語で書いたんです。それを意識的にしたのか無意識の業なのか、私にとってはナゾなんです」

別居をしたいという夫の言い分には、妻のコントロールが利かなくなった悔やしさが屈折したかたちでにじみでている。

「これ以上、霧子と一緒にいると霧子を束縛しきれないから、ほかのところにいてほしい。ぼくと結婚している人だと思うと、一からすべてを知らないと気がすまない。とりあえず関係がないんだと思えば、あきらめがつく」

夫のほうから別居したいと言ってくるとは夢にも思っていなかった霧子さんは、拒絶されたと落ちこんでいく。

埋めこまれた寂しさ

夫と別居したとき、二人でためた貯金は半分に分けた。霧子さんは、そのお金で部屋を借り、イルカツアーなどの費用に充てた。

「別居して間もなく、カウンセラーから『あなたは小さいときに、お父さんがいなくて寂しかったでしょ』と言われて。清算していたはずの父への気持ち、悲しかったことが思いだされてきて。突然、かさぶたをはがされ、ウミが出てきた感じで。会社に行っても涙が止まらず、その日は仕事にならなかったんです」

悲しい思い出とは、霧子さんが六歳のときの別居だ。

「父と母が別居したんです。両親の実家は、同じ町内で、結婚した当初は別な場所に両親だけで住んでいたんですけど、二年後に父の実家に移って生活したんです。実家には祖母と、まだ結婚していない叔母二人がいて。そこに母が入ったから、嫁と姑の問題が起きて……」

四年後、精神的にも肉体的にも疲れ果てた母親は霧子さんを連れて実家に戻った。実家には、祖母と母親の妹二人が一緒に暮らしていた。弟は父親の実家に残った。

「祖母や叔母たちは、私をかわいそうに思ったのか、いつも明るく振る舞って、いろいろなところに連れていってくれて……。楽しかったけど、ときどき口から出るのが父への悪口で、これだけよくしてくれる人たちが言うのだから、ほんとうだろうと子ども心に父を悪者にしてしまったんですね」

体を壊した母親は寝こむことが多くなった。

「母は父の実家をよく思っていないわけで、寝る前のお話代わりに『あなたは女だから出されたのよ』『弟は家を継ぐのにいいから残ったのね』『勉強できるようになって霧子を手放して損したと思わせるぐらいに、なんでもできる人になって見返してやりなさい』といった愚痴を母から聞かされつづけたんです」

逆に叔母たちは、冗談を言っては霧子さんを笑わせようとした。無意識に交わす会話のなかに、霧子さんの心に沈殿していく言葉があった。

「叔母たちは冗談半分に『あなたの顔はママや私たち系で、かわいいけど、スタイルはパパ系ね。とくに脚が……』などと言うんです。私にとってはつらくて、コンプレックスになっていくんです」

祖父と祖母の家は同じ町内にあるのに、父親と母親、そしてきょうだいが離れ離れに生活するのはよくないと、仲裁に入る人が出た。

「父のほうの二人の叔母が結婚し、祖母も近くに別居するという条件で、三年後に母は私を連れて父の実家に戻ったんです」

霧子さんは小学四年生になっていた。だが一度傷ついた母親の気持ちを修復するには時間が必要だった。

「母は『戻りたくて戻ったんじゃない』と言うし、何かにつけて父に『あなたのおかげて私の人生がメチャメチャになった』と当たる。父は何も言わないんだけど、あまりうるさいと、けんかになる。休日はゴルフで、家にいてもテレビを見ているとか、馬耳東風を決めこんで……」

わずか三年という短い期間だったが、父親から拒絶されたという思いが霧子さんの心に無意識の傷となって深く埋めこまれていたのだろう。

「カウンセラーに父のことをつつかれるたびに悲しくなって。夫との別居も重なって、もう生きていけないんじゃないかと、一日中、布団かぶって泣いたこともあるんです」

私、実は摂食障害なの

小学生時代に父親と三年間別居したことが心の傷になっているとカウンセリングで気づかされた霧子さんは、父親に会って話をし、関係を見なおさなければ先へ進まないと思いはじめていた。

「でも私にとって父は知らないおじさんみたいな感じだったから、怖いし、恥ずかしいし。私の状態を説明しきれないと思ったので、斎藤学先生が書いた本を読んでもらいたい、と父に電話したんです」

霧子さんは当時二十八歳、父親は五十八歳で、大手建設会社の海外事業部長。海外出張も多く、忙しい日を送っていた。

「電話したら、『ちょっと外出してます』と。でも決心したからには、その日のうちにやらないと駄目だと思って、会社の近くに行って喫茶店で待っていたら、父から電話が入って、ちょっと話があるから出てきてくれない、と……」

霧子さんは久しぶりに会う父親に「実は私、この病気なの」と、摂食障害について書いた本を出した。

「父は『えっ』って、びっくりして。『どういう病気なの?』って。具体的なことは説明しきれないから、詳しくは本を読めばわかるけど、私はカウンセリングを受けて、ずっと十三年間避けてきた問題を直視するようになったの。最初はママの摂食障害が直接の原因かと思ったけど、私、パパとの関係を全然、つくっていないことに気づいたの。それを見なおすことが回復への道だと思ったし、周りの人もやってるし、私もパパの話をとりあえず聞こうと思ったという話をしたんです」

父親は「ウーン。よくわからん」と戸惑った。霧子さんが説明するあいだ、父親は会社に「少し遅れます」と電話したりしたが、「とりあえず本を読ませてもらうよ」と、その日は別れた。

一週間後、父親のほうから電話がかかってきた。日本料理店の個室で食事をしながら話をすることになった。

「父は『大学を卒業して初めてと言っていいぐらい真剣に読んだよ』と。『斎藤先生の本は読みやすいので、流れで読んでしまうけれど、ハッと気がつくと、レトリックにはまっちゃってて、あれっと思うから、もう一回戻って、線を引っ張って、ノートをとって読んだよ。書いてあることはわかった』と……」

父親は、自分の家は父親不在で、母子カプセルができていたことは認めた。

「ところが父は、糖尿病で、一生薬を飲みつづけなければならないのと同じように、摂食障害も慢性病で、有効な薬ができたら治るんじゃないかと言うんですね。私はなんか違うと思って、アレルギーの例を出して、薬で症状は一時的に治まるけれど、根本的には体質改善する必要がある。それが家族の人間関係、親子の関係じゃないのかと。別居のときに寂しかったと話したんです。別居の話を出したとたん、父親の表情が変わった。目に涙をにじませた父親は語りはじめた。

「その話はいつかしなければならないと思ったんだけど。パパもつらかったんだよ。パパが霧子の家に行って帰るとき、霧子が玄関まで来て『じゃあ、帰るからね』と手を振ったら『パパ、また来てね』と言ったんだよ。なんで小さい六歳の娘に『また来てね』と言われなきゃいけないんだろう。なんでこんなことになったんだろう。そのときにはパパも泣けたよ」

霧子さんは、初めて父親の目から涙が流れるのを見た。

父親の涙に胸を詰まらせ

「霧子には、いつかは話をしなければと思っていたんだよ。だけど三年たって戻ってきてみると、お前はしっかりしていたし、独立心があった。頭も悪くないし、ものわかりもいいし、この子は言わなくてもわかるなあと思ったから言わなかったけど……」

霧子さんは「言わないとわからないよ」と答えたものの、父親の涙を見て、胸が詰まって言葉が続かなかった。

「父が泣いているのを見て、すごく感動したし、私のことを心配していたと初めてわかったんです。それまでは親子の役割でしか話をしたことがなかった。進路相談で的確な答えが返ってくるから、判断ができる人だとは思っていたけど、そんな父親としての役割から外れて、父が私を愛してくれていると初めて実感できたんです」

父親と霧子さんとのあいだにあった透明なカーテンがストンと落ちて、素顔の父親に触れた思いがした。

「どっかのおじさんではなくて、父親なんだなあと感じたと言ったら、『それがわかんなかったんだね』と。わかんないわよ。母から『あんたの父親は冷たい』と言われていたし、そういうもんだと思っていたと話したんです」

父親と話をすることで、これまでフタをしてきた悲しさ、寂しさが一挙に噴きだしてくるような感じに襲われ、霧子さんは混乱した。

「しかも会社の人事異動で私は新しい部門に移ったんですが、仕事の内容とか人間関係の問題で悩んでいて、夫のこともあって、どうしたらいいかわからなくなって混乱してきたんです」

そんな気持ちを父親に率直にぶつけてみた。自分の悩みを初めて口にできた。

父親は娘に語った。

「大きな会社での安定と自己実現は一致しないものだ。それを求めるなら、多少苦しくても我慢しなければならない。両方を欲しがっては駄目だよ。いまはわからないかもしれないけれど、そのうちに私は絶対にこれだけはやりたい、そのためには苦労してもいいというものが出てくるかもしれない。もしそれを追求しようと決めて、食うに困ったら、お前一人ぐらい食べさせることはできるんだから。会社は組織だし、大きな歯車だが、だからといって最後の自分のプライドまで売ることはしなくていいよ。パパも、自分の守りたいプライドまで傷つけられるなら、会社を辞めてやると思っていたし、お前も、そう思っていいんだよ」

気がついたら霧子さんも涙を流していた。

「父が『途方にくれたら家に来ればいい。親は放っておけないし、やはり子どもはかわいいんだよ』という言葉を聞いてから、私、ずっと泣いていたんですよ。ちょうど水道の栓をひねったみたいな感じになって止まらない。そしたら父が『私には親がいたんだという気持ちで泣いてるんならいいけど、こんな親がいるのに私は全然気づいていなかったと思って泣いてるなら違うよ』と。いいこと言うなと思って、そのときに、私は父に受け止められたなという気がしたんです」

霧子さんは、涙を流すことで、自分の気持ちに初めて率直になることができた。

「いままでは感じたら耐えられないので、寂しさを感じさせないように自分で防御していたんです」

寂しさを置き換えて

夫と別居し、父親と話をするまで霧子さんは、寂しいとか悲しいと感じることはなかった。

「仲のいい子に、私のことを話したら、『あなた、ほんとうに寂しかったんだね』と言われてもピンとこなかった。ところが夫と別居して、初めて寂しいと思ったんですね」

六歳のときの父親との別離の寂しさを抑えるため、感情を鈍らせていたのだ。

「口では寂しいと言ってたかもしれないけれど、あまりにも寂しさが大きかったから、むなしいとか、つまんないとか、あるものがない状態とか、ほかの感情に置き換えてしまっていた。だから寂しさがわからなかったんだと思う。カウンセリングで、自分を防御していた壁に穴が開けられた感じなんです」

夫と別居後、昔、霧子さんがかいた絵を母親が持ってきてくれた。部屋に飾った。

「その絵を見て、なんて悲しい色づかいをしているんだろう。かいているときは思わないんだけど、表面的に元気で明るいのに絵だけは暗いの。自分で自分のかいた絵を見て、ああ、つらかったんだな、なんて寂しかったんだろうと」

寂しさといった感情だけではない。カウンセリングでも霧子さんは「あなたは、こうあるべき自分ばかり見ていたから、ほんとうの自分がわからなくなっている」と、指摘された。

「私、お休みのときに何もしないとあせるんですよ。何かをしなければいけないとか。よく考えてみると、母がそういうふうに、よく言っていたし、やっていた。だから自分がやりたいことではなく、まず片づけなければならないことをやる。楽しくはないけど、それをしないと罪悪感が起きる。罪悪感なしに自分の快楽を求められないところが私にはあるんです。ひょっとしたら、ありのままの自分を許していないと思う」

別居した霧子さんは、四歳下の弟と実家で話をしたことがある。弟は言った。

「おれはずっと落ちこぼれだ、駄目だ、駄目だと言われてきて、つまんないなあ、人間というのは寂しいなと思っていた。その寂しさから逃れるために、薬やったり、酒飲んだりしたんだけど、逃れきれないなと思ったときに、なんか吹っきれた。しょうがないなと観念した。それにはやっぱりどん底まで落ちないと駄目だよね」

一九九五年に結婚した弟は大学を二年留年したあと、就職したが、一年で辞め、学生時代にアルバイトをしていた編集プロダクションで働いていた。

「お姉ちゃんは、おれと逆で、うまくやっていたじゃない。コンピューター会社に入ったときも、お姉ちゃんの周りの友だちを見て、おれはやばいなと思っていた。辞めたから見込みがあるかなと思ったんだよ。いい方向に向かっていると思うけど、もう少し、下を見ないと駄目だよ。観念して、いい加減にツケを払いなよ。いま引き延ばすと、またあとで払うことになって大きくなっちゃうよ」

　霧子さんから見ると、その弟はオートバイを親に買ってもらったり、車をぶつけて親に弁償させたり、かなり自由気ままに生活していた。

「弟は『親は甘えていいんだ、父親を信頼してんだよ』と言ってたけど、私は、それがなかったんですよ。『お姉ちゃん、たいへんだったと思うよ。見てて、周りの期待が違うからね』と。お前、よく見てるよと言ったんです」

一週間止まった嘔吐

　みずからの感情を出すように心がけたら、霧子さんはこれまでにない、〝心の疲れ〟を感じるようになった。過食嘔吐は、相変わらず続いていた。

「別居する前に夫が自閉症の子どもが、イルカと泳いで初めて口をきいたというテレビ番組を見て、『いつか二人で行こうよ』と言っていたのを思いだして。ビデオで不思議なコミュニケーション能力を持っているイルカの心理療法の劇的効果を見て、これだと思ったんですね。私はボロボロに傷ついていたし……」

イルカと泳ぐオーシャン・セミナーは、ハワイ諸島最大の島、ハワイ島のコナ・リゾートビレッジが会場。毎朝八時にヨットで沖に出て、イルカに遭遇したら、シュノーケリングをする。参加者は約二十人で、平均年齢は二十五歳。同年代のグループ二、三人を一組にコテージで一週間生活させるプログラムだ。

「一日目に、ヤシの木やブーゲンビリアに囲まれた高床式のコテージを出て、ヨットで沖に出たら、イルカがピュンと空中に飛びだしてスピンしてるんですよ。みんな黄色い声を上げて……。何頭かがヨットに寄ってきて、手を伸ばせば触れる距離にきたイルカを見たら、急に涙が出て……」

リーダーの合図で五人ずつに分かれて霧子さんはシュノーケルを着けて海に入った。

「泳いで三頭のイルカに追いついたら、キーッと甲高い声が聞こえたんです。私もキーッと返したら、またキーッと。私はその三頭にぴったりくっついて三、四分泳いだら疲れてきて、もういいかなと思ったとたん、ものすごいスピードで三頭は、私から離れていったんです」

夜の瞑想《めいそう》では八年間、コナに住み着いてイルカと生活しているジョーン・オーシャンさんの話を聞いた。

「その晩、海岸に行きたくなって、一人で海岸に横たわったんです。海に映る月の影、甘いクチナシの香り、波の音……。涙がひとりでに流れてきて。しばらくしてベッドに戻ったんですけど、泣くことは浄化だという言葉を思いだしながら、眠りについて……」

瞑想のあと、毎晩、涙が流れた。

「涙を出し、排泄《はいせつ》し、また水を飲むというサイクルがびっくりするほど短くなって、何か軽くなっていく気がしたんです。そのうちに何もしないと自分がなくなってしまうのではなく、何もしなくていい。ただ、ボーッとして、そのままの自分の存在を感じる、平安を楽しむことが初めてできた感じなんです」

一週間のセミナーのあいだ、不思議なことに過食嘔吐は、ぴたりと止まった。

「夕食後に、食べすぎてやばいと思ったけど、同室の子もいるし、お店もないし、しばらくして、消化されるという当たり前のことに気づいて、まあいいやと思えたことも収穫でしたね」

期待したほど目立った変化はなかったが、「変わった」と思ったのは、ハワイ島からオアフ島に移り、トランジットで一泊したときのことだ。

「夕食に食べた超ヘビーなメキシカン・フードが引き金で、結局、過食嘔吐してしまったんです。いままでなら、セミナー中治ったのに駄目だと落ちこむんですが、自分の体が高カロリーのものを受け入れる準備がないためだ、と思いなおすことができたんです」

バハマでの不思議な体験

ハワイでイルカと泳いだ霧子さんは、そのときに初めて感じた安らかな心地が忘れられなかった。半年後の十月に今度はカリブ海のバハマ諸島でのイルカと泳ぐセミナーに参加した。たまたま予定していた海外出張が延期となり、休暇をとった。

「バハマはハワイよりも自然が豊かで、生きている地球の一部という感じ。一週間、三十人乗りのヨットで、一日中、海と空を眺めながらイルカとともに生活するんです。周りは何もなく、それがものすごい色なんですよ。自然の息づかいみたいなものに圧倒されました」

海は透き通るミントグリーン。雲は午後になると太陽の光を受けて七変化する。それが日によって違う。紫色から夕方には濃いオレンジ色になり、水平線に太陽が近づくと黒い雲と、今度はオレンジ色に光る海が絡みあって墨絵のような感じになるのだ。

「そのときはセミナーでの日本語通訳の仕事だったんです。四十万円の費用のうち旅費だけ払って……。ハワイと違って、お手伝いする感じでしたが、だんだん安らかな気持ちになって、自分のことを積極的に話す余裕が出てきたんです」

夜中に眠ることができず、甲板に出て、一人で黒い海を眺めていた。

「そしたら日本人の二十代の女性が私の隣に座って。自然に私は自分が抱えている摂食障害のことを彼女に話したんですよ。そしたら彼女が泣きだして。『私も家族に問題があるけど、あなたの話を聞いて安心した』と……」

セミナーのメーンゲストであるディーン氏は、カリブ海のカイコス島で、世界的なダイバーであるフランス人、ジャック・マイヨールさんがかわいがっていたイルカのジョジョの保護官だった。

「三十代のディーンはスピリチュアルな人で、相手の心が読めるんです。私が通訳してあげた日本人女性は、弟さんの問題で悩んでいた。彼は彼女に絵をかかせたりして、『あなたの役割は弟さんを支えてあげることです』とアドバイスしたんです。彼女はすごく涙を流して。翌朝、彼女は顔が変わって穏やかになった。脱皮した感じなんですね。そしたらディーンが『霧子さんの通訳がよかったからだよ』と褒めてくれたんです」

バハマで霧子さんは、人のために役立ち、感謝される、つまり自分の存在を受け入れてもらえたことを実感しただけではなく、子宮のなかにいるという不思議な感覚に浸った。

「一人で夜中に甲板に出て……。真っ黒な闇のなかに流れ星や稲妻が光っていた。その闇に包みこまれる感じになって。それこそ覚えていませんが、子宮か胎内にいるような温かい感じがしてきて。海の水にも受け入れられているという思いがしたんです」

こうした体験のせいか、ハワイでは帰国して一週間後に過食嘔吐は始まったのに、バハマから帰国してからしばらくは止まっていた。

「帰国して気がついたんですが、過食嘔吐しなくていいときは、肉体的に感覚が違うんです。おなかのへんに玉みたいなものが入っていて落ち着いている。ところが、嘔吐したくなるときは、その玉がずれて、穴が開いて、そこを埋めたい感じになる。穴のような空虚さを、食べ物で手っとり早く埋めるという感覚を、はっきり感じたことはなかったことなんです」

四本の柱に支えられて

霧子さんは、別居した夫からの勧めもあって、そのころから英国人の針きゅう師に通いはじめていた。

「私は過食嘔吐をストップさせるのに必死だったから、ワラにもすがる気持ちで行ったんです。そしたら『過食嘔吐のために胃が疲れている。針だけでは治らないよ。吐いたりして体のバランスも悪くなっているから、そういう状態を多少は整えてあげられるかもしれない。カウンセリングや自助グループには行きつづけなさい。私はそれを補助するかたちでやりますから』と言われたんです」

そこは、針を刺して二十分間、放っておくやり方だ。

「ポワーッとして、すごく気持ちがいいんです。寝てしまう。効くかどうかはわからないけど穏やかな快感、平安感があって……。いつも私は強迫的な気持ちだったので、これが普通の状態なんだ、そのままでうれしい、幸せ、なんとなくふつふつとする状態を体が覚えていったんです」

バハマから帰国して感じた。〝空虚さを食べ物で埋める〟という感覚を、その英国人の針きゅう師に話してみた。

「そしたら彼が『おもしろいね。東洋医学の考え方と合っているよ。胃というのは大地のこと、肝が据わる、地に足が着いてると言うでしょ。落ち着いているということなんだよ。霧子さんは胃が疲れているから、なおさら地に着かなくなっているのかもしれないね』と説明してくれて……」

イルカツアーに参加したことがきっかけで、霧子さんはヨガにも関心を持ちはじめた。

「参加者の一人に『ヨガのアシュラムという会合に来ないか』と誘われたんです。東京にも支部があったので行ってみたら、集団陶酔的なところがあって。私はそれが好きじゃないので通信コースに入った。送られてくる毎月、六、七ページの通信を三年近く読みつづけているんです」

通信の内容は、宗教的なものだけでなく、古代インドの神秘哲学説を記した聖典ウパニシャッドからの一文も載ったりしている。

「交錯した文章で読みにくいんですが、強調しているのは『自分のなかに大いなる自己みたいなものがある』ということ。神様は全員のなかにいますと。エゴを取り除いていくと、皆、どこかでつながっている。そういった普遍的なことが書いてあって、私、気に入ったんですね」

気がめいったりしたとき、ふと手にした通信を読むと、何か落ち着く気分になれた。

「瞑想しろとか、強制的なことはいっさいない。瞑想したり、食事を節制すれば解放されるのではなく、それにとらわれていると思うことがよくない。つまり、人それぞれ持って生まれた運命、カルマを乗り越え、それなりの道を歩いているわけで、それを受け入れていくといったことが書いてあるんです。それが私には響いてきて……」

気がついたら、霧子さんはカウンセラー、過食嘔吐の自助グループＮＡＢＡ、針きゅう師、そしてヨガ通信と、四本の柱に支えられていた。

「これも夫のおかげなんです。私が家を出られたのも結婚したからだし、カウンセリングやＮＡＢＡ、イルカのツアーに行けと勧めてくれたのも夫だった。いろんな情報をくれたり、岐路に立っているときは、いつも彼がいるんです。私を理解してくれるいい人だけど、私のパートナーではないなという気持ちが自然にわいてきたんです」

弱みに付けこまれ結婚

霧子さんの気持ちは、別居していた夫、ジミーと度々、喫茶店などで会い、話をしたことも大きく影響していた。

「最初は自分がいけないと思って、一からやりなおすべきか、そのまま別れてしまうのか、どうしたらよいのかわからなかったんです。でも食事をしながら話をすると彼は私に反発するし、ときにはけんかになることもあって……」

そんな状態が続いたある日。夫が「苦しい。ちょっと話を聞いてほしい」と霧子さんのアパートを訪ねてきた。

「彼は、仕事がうまくいかない、友だちがいないので寂しいといったことを率直に打ち明けて。私もかわいそうだなと、カウンセラーというか、友だちみたいに話を聞いて、頑張ってね、と慰めたんです。そしたら彼は泣いて喜んで、『聞いてくれてありがとう』と言ったんですね」

そんな夫の姿を見て、ふっと頭にひらめいたのだ。

「そのとき『ああ、この人とはこういう付きあいだったらいいんだ』と、すごく思ったんです。結婚という枠に縛られて家庭を築くとなると、相手に期待するものも大きくなるし、自分も夫とうまくやらねばならないと義務感を意識してしまう。だから距離を置いたほうがいいんだと。それで、やっぱり離婚しようと決めたんです」

その日、夫に「離婚したい」と伝えると、「すべては霧子に任せるよ」と反対はしなかった。判をついた離婚届をジミーに送り、二年八カ月の夫婦関係に終止符を打った。一九九四年二月のことだ。四カ月後に霧子さんは二十九歳を迎えようとしていた。別居してからは九カ月たっていた。

「別居したときは、それこそ奈落の底に落ちるみたいに、恐ろしかったんです。彼に経済的に頼っているわけではないのに、捨てられたら自分の居場所がなくなる、生きていけないと。別居した直後は、つらくて涙がぼろぼろ流れた。でも始めたらできるんですよ。一人のほうが楽だわなんて思ったりして……」

そうした霧子さんの拒絶される、見捨てられることに対する恐怖感は、どこからきているのだろう。

「一人暮らしをしたいと言うと母は『私が一人で暮らせないんだから、あなたもできないわよ』『家賃も、何もかもたいへんだわよ』と。母は、私に依存していたんでしょうね。私は、母の呪縛から逃れられなかったんです」

離婚してから、なぜジミーと結婚したのか考えるようになった。

「結局、私は家から出るため結婚した感じなんです。しかも過食嘔吐という弱みを抱え、結婚できないと思っていたから、その弱みに付けこまれた感じもある。彼も私を通して生きていた。自分で自分の足場をつくろうしなかったから、私なしには生活できない根無し草みたいな存在になった。それで異常な嫉妬心を燃やしたと思うんです」

離婚を決意したとたん、「結婚したいな。いい人と」と思った。

「別に具体的な相手がいたわけではないんです。結婚していたのに、不思議ですが、一回たりとも結婚したいと思ったことがないんです。私は、子どもがいて、両親がいて、という幸せな家庭の図をまったく拒絶していたんですね」

病根は奥深いところに

離婚した霧子さんだが、仕事を続けるかどうかで悩み、過食嘔吐は激しくなった。

「会社を辞めようかどうか悩んだ前後は、症状がぶり返して、すごかったんです。だけど、そのころからなんとなく、嘔吐はバロメーターかなと思うようになって……。いやだと思ったり、自分がやりたくない、本質に反するようなことをすると症状が出てくることに気づいたんです」

コンピューター会社から大手レコード会社に途中入社して、すでに四年がたっていた。

「最初のうちは、大物アーティストや、いろんな人に会えておもしろかったんです。裏の情報をとるためにアーティストの自宅の番号を探ったりして。『海外出張が多くていいわね』と言われるけれど、ツアーガイドみたいなこともやるし。相手が男ばかりのバンドだったりすると、『霧子、霧子』って気に入られて、無理な話も聞いてくれました」

だが、相手のある仕事だけに生活は不規則になる。楽しいことばかりではない。

「相手は気まぐれが多いから約束をすっぽかされたり。私は交渉するだけで決定権はないのに、何かうまくいかないと上司に『お前がいけない』と。こんなこと続けて、将来は、と疑問がわいてきて」

会社の内部を見渡してみると、四、五十代と、年をとるにつれて、体がきついと辞めていく人が増えていく。

「このまま会社にいると管理部門の部長職に就いて、契約書に判をつく。そんなことは興味がない。おもしろさで償《つぐな》われている部分は、年をとるとできなくなる。というわけで、この先どうするかなと……」

そんなとき部署替えがあった。新たに設立された部門への人事異動だった。

「アメリカのシステムをまねしてつくった部ですが、トップの言ってることとやってることが違うし。人間関係がうまくいかず、勤務が不規則なうえ、ただ時間だけはとられるという感じで。うまく言えませんが、毎日の生活が、すごくずれていて。過食嘔吐もたぶん、その一つだったと思うんですけど、朝起きて会社に行くのがすごくいやになったんです」

会社を辞めるのは困難からの逃避なのか。それとも別なことをしたいからなのか。

霧子さんは迷っていた。

「英国人の針きゅう師に相談したら『結局、自分がいちばんわかっているし、体もわかっているところがあるから、自分の心に聞いてごらん』と言って、針を刺して別な部屋に出ていった。その二十分間にもう涙が出てきて……。涙が私は別なことがやりたいと訴えているように思えて。針きゅう師にそのことを伝えたら、『それが答えじゃないの』と言われたんです」

最終的には、父親の「食うに困ったら、お前一人ぐらいは……」とのアドバイスもあって、霧子さんは一九九四年六月に辞めた。離婚して四カ月がたっていた。

「カウンセリングやNABAを始めたころは、とりあえず過食嘔吐を止めたいと考えていました。結婚や仕事には触らず、抜歯するだけで治るのではないかと甘く見ていたんです。ところが実際に始めてみると、過食嘔吐は単なる症状で、病気はもっと自分の根本的なところにあって、人生観や価値観なども含んでいるらしいと思うようになったんです」

執着する母親との関係

ニューヨークの霧子さんの部屋は六畳ほどの広さだ。窓の下は、にぎやかな十四丁目通り。下から車のエンジンやクラクションの音が、ビルの谷間に増幅されて窓から侵入してくる。

「この窓から下を眺めているとおもしろいんです。朝の五番街は、ビジネスマンと学生が足早に歩いていて。昼ころには黒人とかプエルトリコ人が、にぎやかな通りで買い物を始める。夜になるとディスコに行く若者たちでにぎやかになる。救急車のサイレンの音がひっきりなしに聞こえてくるんです」

早いもので、この部屋で生活して二年たつ。霧子さんは会社を辞め、すぐにサンフランシスコでのサイコドラマなどのワークショップに参加したりした。そのうちニューヨークが、自分にぴったり合った街とわかり、下宿することにした。

「家主は保険会社に勤務する七十歳のユダヤ人。奥さんを十年前に亡くし、部屋貸していて、隣の部屋には二十六歳の中国人女性が住んでいるんです。家賃は月に六百ドル。私は毎日、ダンス教室やアートセラピーの教室などに通い、あとは友だちと映画や展覧会を見に行ったり、会社のPR誌にアメリカ情報を書いたり、時間やノルマに拘束されない気ままな生活を送っているんです。父から学費は援助してもらってますが……」

あれほど苦しんだ過食嘔吐は不思議なことに完全に止まった。それから一年二カ月もたつ。カウンセラー、自助グループ、針きゅう、イルカツアーと、さまざまな体験を積み重ねた結果だ、と霧子さんは考えている。

「しかし決定的だったのは、サンフランシスコでのエクスプレッシブ・アーツ・セラピーですね。二年間のカウンセリングでも、NABAのミーティングでも決して出てこなかったウミの芯《しん》が体から出て。少したって過食嘔吐は、きれいさっぱりと消えてしまったんです」

最後の決定打ともいうべきエクスプレッシブ・アーツ・セラピーは、六十代のナタリー・ロジャーズさんが主宰するもので、絵や音楽などあらゆる表現形態を使って、カウンセリングをし、核心に迫っていく方法だ。ナタリーさんは、クライアント中心療法を確立したことで日本でも知られている心理学者、カール・ロジャーズの娘さんだ。そのワークショップはレベル1（七日間）、レベル2（十日間）、レベル3（十二日間）と、三段階に分かれている。

「二年前の六月に会社を辞めて、すぐにサンフランシスコでセラピスト、西尾和美先生のサイコドラマを受け、そこでゲストとして招かれたナタリーさんの通訳をしたんです。体の動き、絵、音楽、文章などを使うことにより、自分で気づかなかった感情や可能性が出てくることを知って、おもしろいと思ったんです」

しかもサイコドラマで、霧子さんは解決したと思っていた母親との関係に執着している自分に気づかされた。

「私は母に優しく抱かれたいと、まだ心の底で思っていたんです。まだやることが残っていそうだと……。それで彼女のワークショップを受けてみようと決心したんです」

そのワークショップは、ニューヨーク州北部のキャッツキル山のふもとにある保養所で開かれた。約二十人の参加者の大半は女性のセラピストで、男性は二人。日本人は霧子さん一人だった。

真っ黒なベッドの夢

霧子さんは、レベル2に入ると、突然、過食嘔吐に見舞われた。

「これまで何回もカウンセリングを受けたりして、自分と母との問題はなんとなく完結させていた。だから嘔吐が止まったと思っていたら、また出てきちゃって。母は来てないし、どういう意味があるんだろうかと……」

もう一つ予期せぬことが霧子さんに起きた。不思議な夢を見たのだ。霧子さんの部屋にベッドが二つあった。最初は大きいベッドを使ったが、軟らかいので、小さいベッドに移って寝ることにした。

「移った夜に見た夢のなかで、もう一つの部屋が出てきたんです。居心地がよさそうなベッドがあって、シーツを取り換えようとしたら、ベッドは真っ黒だったの。黒いベッドなんかいやだなと。それが何か気になって、過食嘔吐と関係あるのだろうか……」

その夢の話を霧子さんは参加者の前で語った。「黒にはどういう意味があるんだろう」と自問自答していると、「じゃあ、その黒いベッドの絵をかいてみる?」と、カウンセラーが言葉を挟んだ。

「それで絵をかいたけど、何かよくわからない。でも、フリルが付いていて、そのフリルのあるベッドに私、一度寝てみたかったんだ。だけどスペースがない。狭苦しくなるので……。いろいろ話をしているうち、あ、そうだ。私は、いつも合わせようとしていたんだ。だから私は適応しなくちゃいけない、場を与えられているのだから、適応していくしかないと、いつも、いつも、そう思っていた……と」

霧子さんは、これまでの体験のなかで、自分のスペース、空間だなと思ったことを探り、具体的に語っていく。

「私、バハマでイルカと泳いだとき、外を見ていたら、海の真っただなかなので、船以外に光がない。水平線近くに月や星が出ていて、海に入ったら目線に月がくるなあと……。すごい気持ちよさそうだと思ったので、許しを得て私、海に入ったんです」

真っ暗な海。その黒い空間に出ていくのは怖かった。

「でもどうしても行きたくて足を入れたら、海水は温かいんです。体を沈ませ、水着を脱いで……。泳いだら気持ちよかった。暗闇が一つの空間になっていて、水面に顔を出すと、月が波の上にあって。スペース全部が自分のようで。限りがないような……。そのなかにいると適応しなくていい。自分が自分のままでいられて、そのまま受け入れられているという感じがして。その黒、黒い空間に、気持ちよかったスペース、空間、居場所を感じるんです、私……」

カウンセラーは「あなたが自分のスペースを感じるイメージをかいてごらん」と、霧子さんに言った。

かいた絵は、海原に太陽が出てくるところだった。

「カウンセラーに『この絵について何かコメントしたい？』と言われ、私は、これが私のスペースだ。私はここに行きたい、こういうスペースが欲しいと叫んだんです」

そう叫んだ瞬間、霧子さんの目から涙が流れてきた。

「あ、そうか。私は自分のスペースが欲しかったんだ。自分が適応しなきゃいけない、周りに合わせなきゃいけないと思ったときに、自分のスペースが持てない。私が私でいられるスペースが欲しいっていうときに過食嘔吐するんだな、とわかったんです」

心の奥深くに怒りの渦

霧子さんの過食嘔吐が完全に止まったのは、ナタリー・ロジャーズさんが主宰するエクスプレッシブ・アーツ・セラピーのレベル３に参加してからだ。そのレベル３は、レベル２から半年後の九五年一月。場所はサンフランシスコ郊外だった。

「私、東京を離れてニューヨークという大都市に一人で暮らしていたでしょ。その不安と寂しさからレベル３が待ち遠しくて。行ってみたら、なつかしい顔に出会って、安心感から涙が出てきて……。二十四人が参加していました」

絵や粘土、コラージュなどで、一人ひとりが自分の思いや怒り、フラストレーションを発散させるワークショップをした。五日目に入ったときのことだ。

「目をつぶり、深い静かな気持ちになって、それを言葉で説明しようとしたとたん、自分のなかに巨大な空間を感じたんです。だけど言葉にならない。『絵をかいてみたら』と言われ、渦巻きをかいていたら、小さいころから感じていたあの感覚に襲われたんです」

目の奥が引っ張られ、ものが小さくなり、窮屈になっていくという奇妙な感覚だ。

「そのとたん、私、『拒否しないで！』という言葉を叫んだんです。深い、深い悲しみの涙、拒絶に対する悲しみ、恐怖の涙があふれてきて。付き添っていたカウンセラーの女性に私、抱きついて……。柔らかく包みこまれる感じになって。そう、母だ。ほんとうに私は拒絶されていたのだ、母に。ずっと、ずっと、ずっと。受け止めてほしかったの、母に私自身を。でも無理だった。それで男の人に、夫に、恋人にそれを求めたの……。私、泣きながら叫んでいたんです」

翌日、再びプログラムが再開された。パステル、クレヨンで、瞑想して出てきたことを紙にかくワークだ。

「自分の部屋、昔かいた絵、そして次に出てきたのが拒絶される恐怖……。突然、私の肩が痛くなって。そう肩コリなんです。そのコリを紙に赤でかいたら怒りがわいてきて、赤をどんどん重ね、そのなかに芯としての黒を入れる。するとコリが爆発して炎に。炎のなかに、また黒い芯があって。その芯が渦になり、目に……。カウンセラーに『感じたこと言ってみて』って言われて私、母に対する怒りを殺すことで、自分を殺していたんだと気づいたんです」

不思議に肩の痛みは消え、気持ちが楽になった。カウンセラーの助けで、霧子さんは心の奥深く下りてゆき、ついに怒りの渦に到達したのだ。

怒りは、その夜のワークショップで一気に噴きだす。

「だんだん怒りがこみあげてきて、最初は幅一メートル、長さ五メートルの紙にたっぷり絵の具をつけた筆で、怒りの渦巻きをかいたんです。それでも足りず、今度は長さ十メートルの長い紙に絵の具をチューブから絞りだして、はだしになって足の裏で滑るようにして広げていった。手も足も、全身で色を混ぜ、のばしていったんです」

色が混じりあい、茶色になった。黄色の絵の具をチューブから紙の上に垂らした。

「おなかから声を出したくなって。ハーッと少しずつ息を吸いこんだら、怒りがグーッとわいてきて。見ていた仲間の『大丈夫。安心してやんなさい』という声に私、思いきり声を出したんです。『ノーッー』。自分の声の大きさに驚き、それが誘い水になって、今度は金切り声で『ノーッー』。『もう、いやっ。たくさんよ』『お願い、放っておいてよ。ママー』……」

条件付きの母親の涙

霧子さんは、エクスプレッシブ・アーツ・セラピーのワークショップで、心の奥底に埋もれていた感情を発見し、その感情を言葉にすることを初めて体験した。

「ワークで長いあいだ、無意識のなかに隠れていた母に対する怒りを見つけ、それを引きずりあげて、意識の光に照らすことができたんです」

心の奥底に埋もれていた母に対する怒りの渦。それは何だったのだろう。

「両親が別居したことでの問題なんです。父の実家は、封建的色彩が強く、嫁は〝使い捨て〟のような存在で、母は父の実家で姑、小姑にいびられつづけた。母が訴えても、父は知らん顔。それで母は家政婦のように働き、肉体的、精神的に疲れ果て、子どもを連れて逃げだしたんです」

当時、霧子さんは六歳で小学生になったばかり。そんな母親の姿を見て、母親を守る、受け止めてやるのは自分しかないと思ってしまった。

「別居中も別居後も、母から、つらかった話を何千回と聞かされつづけたんです。『父と二人で外出するといやな顔された』『パパは義母の肩ばかり持っていた』『嫁いだ義妹二人がお産で実家に帰ってくると面倒を見させられてクタクタになった』『義姉が病気で実家で静養することになって、もう手伝えないと断ったら義母が皆の前で、洗いオケの水を私にかけてきた』といった調子なんです」

三年間の別居後、父親と母親は仲介者がいて、元通りの生活をするようになったが、母親の愚痴は続く。

「母は何かあると『ママは戻りたくて戻ったんじゃないの。あなたが学校に行ったり、就職や結婚するとき片親だと困るから戻ったのよ』と。私は、母がぶつぶつ言うのを真に受けて、私がいなければ自由になれたし、離婚もできただろうに。申し訳ないという気持ちになったんです」

霧子さんは、頑張ると成績も上がるし、母親は喜んだ。

「私はまあまあ優等生だったから『あなた、よくやるね』と母に言われると、母の励みになるだろう、せめてそのぐらいしてあげてもいいんじゃないかと……。私が我慢して丸く収まるならばいいと。寂しさや怒りの感情を封じこめてしまったんです」

その結果、母親の愛情は条件付きのものになった。「こうしないと愛してあげない」「ママの子じゃない」という呪縛に、霧子さんは拒絶を恐れ、自分を曲げても、相手からの拒絶を避けるようになっていく。

「自分の世界を確立していない人が子どもをつくると、自分の世界に子どもを取りこむんです。その壁はよほどのことがないかぎり、破れない。自分ができなかったことを私にさせようとしないで、自分の人生をどう生きるか真剣に考えてほしいんです」

紙の上に手と足で絵の具を塗りながら叫ぶ霧子さんの怒りは、次第に収まっていく。

「ゆっくり戻って」というカウンセラーの声で、目を開けた。

「どうすれば、自分の面倒を見られると思う？」

「おふろに入って寝るわ」

ロッジの外に泡ぶろがあった。満月に近い月の光。「カウンセラーも入ってきた。四十代の英国人女性で、彼女の裸身が月光に白く優しく輝いて。『抱きついていい』『どうぞ』。泣き疲れた私は抱きついたんです。ぽっちゃりした柔らかい体が私を真綿のようにくるんで……。母の受容そのもの。もう私、何もいらないと思ったんです」

母親も下剤使って

東京で霧子さんの母親、雪子さんに会った。五十代後半だが、年を感じさせない体に黒の和服が似合う美しい女性だ。

「霧子は感受性が人一倍強かったし、私が小さくなってる姿を見て、哀れに思ったんじゃないかと思います。本来なら子どもは親にわがままするものでしょ。それができなかったんですね。だから、かわいそうで……」

霧子さんの過食嘔吐について雪子さんが知ったのは、高校生になってからだ。

「中学生のころからとは私、知らなかったんです。私自身、息子が小学校に入学したときに撮った写真で、すごく太った姿を見て、これはひどすぎると、漢方薬を飲んだり……。霧子に『ママ、そんなに我慢しないで下剤かけちゃえば』って。おたがいにそう言いあっていたんです」

そんなにまで体形にこだわるのは、雪子さんの母親、つまり霧子さんの祖母の育て方が影響しているのだろうか。

「母は、県立女学校を出て、教師になるため家庭科の免許を取ったんですが、教師に向いてないと、日本橋のデパートのレジ係に就職したんです。大正時代としてはモダンで、先端をいく花形の仕事で、すごい洋服を着て、ハイヒールを履いたり、化粧もフランスのコティしか使わなかったと言ってました」

新聞社に勤務していたこともある実業家と結婚、四女をもうけた。雪子さんは長女だ。母親は、雪子さんに婿をとろうと考えたらしい。雪子さんは高卒。下の妹三人は、いずれも私大を卒業させているのとは対照的な育て方だ。

「母は私には厳しかったです。勉強よりも家のことを、と。学校に行く前にトイレ掃除をさせられ、雨の日は雨靴を玄関に出し、天気になったらさっと引っこめる。いつまでも出しておくのは女としてだらしない証拠だと。ガラスもちょっと汚れると『汚いから掃除しなさい。あなたはこの家の家政婦と思って、家のことをきちんとしなさい。雇われていると思えば甘えられないでしょ』と。全部、家のことは私がしました」

高校を卒業すると、裁縫、料理、お茶、お花と、徹底した花嫁修業をさせられる。

「私は母の言うなりになってました。子どもというより家政婦役というか。だから家庭でボーッとして、くつろぐことはなかったんです。母と子ども四人で夕飯後、いろいろおしゃべりはしていました。甘えたり、言いたいことを言ったりはしていなかったかもしれません。むしろ母がいろいろ愚痴を言いますでしょ。それの聞き役でした」

不思議なことに雪子さんは、娘の霧子さんと、同じような状況に置かれていたのだ。

「考えてみると、霧子が私にしていることを、私が母にしていたみたいですね。母の父に対する愚痴は『お金がなくてもいいから、いつも一緒に夕飯を食べる家庭が欲しい』って。父は遊び人で、ふだんは家に帰ってこないんです。なじみの芸者さんもいて、父が亡くなる前には、盆暮れのあいさつに来ていました」

たまに父親が家に帰ってくると、違和感があって、四人姉妹は緊張した。

「だから母がかわいそうだという気持ちがありました。『お父さんなんか帰ってこなくていいのよ。お金さえあれば楽しいんだから。帰ってくるとうるさいわね』と、私も母に言ってました」

母を幸せにしないと

霧子さんの母親、雪子さんの話を聞いていくと、実は雪子さんも自分の母親、つまり霧子さんの祖母の愚痴を聞いて育ってきた。それを子どもである霧子さんに知らず知らずのうちにくり返していたのだ。

「父は家庭を顧みず働いていました。母は寂しかったと思います。子どもにかけていたみたいで。小学五、六年生からずっと、私たちに日本舞踊を習わせて。皆から『かわいい』『きれい』と言われるのがうれしかったみたいです」

父親が帰らない日が続くと、よく手相見に出かけた。

「母は帰ってきてから『別れようかと思ったけど、よいお子さんがいるので、お子さんのために辛抱なさいませ』って言われたと。だから私は母を幸せにしてあげなくてはという気持ちになって、それが強いんです。いまでも……」

だが雪子さんは、まったく反抗しなかったわけではない。

「高校を卒業して二、三年たって、私はお母さんの人形ではないよ、私を認めてくれるところが欲しいという気持ちになって……。友人と旅行したとき、知りあった男の方と付きあいはじめるんです」

相手は、妻に先立たれた三十代の副社長で、肉腫《にくしゅ》で片足を切断していた。

「精神的に大人で、全面的に頼れる感じがありました。私も母の言うなりでしたから、親と離れた感じになり、すごく自信が出るような気持ちになったんです。三年近く付きあったんですが、相手がかわいそうという気持ちが強く、尽くすことに疲れてしまったんです。それでサッと私のほうから離れました」

そんなときに自宅で開いたダンスパーティーで知りあったのが、霧子さんの父親だ。

「私には、何でも思い通りになる、優しい人に思えましたので……。私も疲れていたので『まあ、いいや』という感じが正直のところあって」

夫の実家には姑、小姑がいて、期待したような家庭生活は営むことができなくなる。

「相手のことがありますから義母のことは、私の口からは言えません。夫と三年間別居したあと、私も悩みましたけど、別れたとしても霧子にとって父親は父親だし、再婚するにしても複雑になるし、いちばん傷つかないのは……と、私が折れたんです」

雪子さんの結婚、そして別居は、婿を迎えることを夢見て花嫁修業をさせていた母親の思惑とは違った。

「母に言われましたもの。『ボロボロみたいね、嫁に行ってから』と。嫁ぐ前は、いつも流行のものを着せられたし、きれいにしてたもんですから目立つんです。歩くと皆がふり返るほどだったんですよ。だから、あまりみすぼらしくなった自分の姿に、自分が哀れになってきましてね。

昔みたいになろうという気持ちになったんですね」

一度、夫婦間にできた溝は、簡単には埋まらなかった。

「私、つらかったから……。だれにも言えなかったから……。主人も聞く耳持たないし、霧子ばっかりに愚痴を言ってました。親思いだから一生懸命聞いてくれたんだと思います」

しかも雪子さんは母親にさせられたことを、娘の霧子さんにも強要した。

「母は厳しく育てて、どこへ出しても、何をやらせてもきちっとできるようにさせたかったと申しました。そのときはつらかったけど、いまはいいと思って、霧子にもどんどんさせましたね」

人生観変えた妹の死

霧子さんの過食嘔吐の問題などで、母親の雪子さんは、自分も変わらねばと思いはじめていた。そんな雪子さんにとって、それまでの人生観を一八〇度、転換せざるを得ない出来事が起きた。

「私の二番目の妹が、四月に亡くなったんです。八、九年前にプールで飛び込みの練習をしているとき、首の骨を折って手足が全然動かなくなった。頭はしっかりしてるけど、呼吸器が詰まって、タンを出してもらったり、家政婦さんの介護なしには生活できなくなったんです」

第四頚椎《けいつい》の骨折だった。一つ上だったら、呼吸器も機能停止となったが、奇跡的に命は助かった。

「頭脳は明晰《めいせき》ですが、体は動かない。最初は『殺してくれればよかったのに。生きていると迷惑かけるばかりだから』と嘆いていたんです。それが二、三年して『こんな私でも、存在していることに意味があるんだ。自分にとっては重荷だけれど、背負える力があるから神様が与えてくれたんだ』と言いはじめまして」

子どもがいないので、嫁ぎ先からも「うちでは手に負えない」と、結局、雪子さんの実家近くに住み、母親や姉妹が世話をしていた。

「子どもがいなかったものですから、外国へ行ったり、やりたいことをやって幸せいっぱいだったんです。それが一瞬のうちに一八〇度違った人生を歩まねばならなくなりまして。『死んだほうがいいのでは……』と思ったほどでした。それでも生きなければならない厳しさは、神も仏もあるものかと思いました。妹の姿を見るにつけ、私のつらさはたいしたことないと。愚痴もこぼさなくなりました」

死ぬ一年前から心の渇きを訴えるようになり、霧子さんの紹介で、カトリックのシスターに訪問してもらい、聖書に目を通すようになった。

「厳しい不幸の見本のような妹が亡くなって……。私も母も妹たちも、残されたすべての者が、人生は見通しがつかない、どんな人間にも役割があると身にしみて感じたんです。だから自分の尺度、世間体で、ものを考えるよりも、自分の好きなようにするのもいいのではないかと。いまを生きる大切さを学びました。目を開かされました」

霧子さんの過食嘔吐など、子どもたちが次々に出してくる問題に直面させられ、自分を閉ざしていた殻をみずから壊しはじめたのだ。

「以前の私は娘や息子に私の考えを押しつけたり、期待していましたが、変わりました。その人にはその人の人生がある。だから霧子のように好きなようにしたらと。冷たいようですけど、突き放すことができるようになってきました。いろいろと心のなかで積み重ねてきて、妹の死で答えが出たような気がします」


雪子さんは、一九九六年十月末の三日間、夫とともにハワイ旅行を楽しんできた。

「主人が十月初めからハワイにゴルフに行ってましたので、途中で合流したんです。そこで初めてスキューバダイビングをしてきましたの。楽しかったです。年のことなど考えずに、海に潜って、私もお魚になったような気がして。外見を気にしたり、恥ずかしいといったことから少し解放されました」

だが自分を変える作業は、言うほど簡単ではない。

「どんどん心を転換しているつもりなんですが、ときどき戻ることがあって、霧子と大げんかするんです。つい自分が安心したくて、親の本音が出てしまうんです」

仕事中心で家庭犠牲

霧子さんの父親にも会った。大手建設会社を一九九五年定年退職。子会社への〝天下り〟も断って、二十年前から健康管理のために始めたゴルフを楽しむ毎日だ。

「霧子が過食嘔吐の本を持ってきて『私、こういうことなの』という話を聞くまでは、その摂食障害という問題すらわかってませんでした」

本を読んで、親の育てられ方も影響していると書いてあり、自分の両親との関係をふり返ってみた。

「父は四十歳近くで召集され、インパール作戦に参加して、タイの国境に逃げ、チェンマイの陸軍病院で死んだらしいんです。私が八、九歳のころ、門から十五メートルぐらいのところでくるっとふり返って、パッと敬礼して、すっと出ていったのを見送ったんです」

シンガポールで船員に委託して出した手紙が最後。それから母親の手一つで育てられた。姉二人、妹二人の真んなかで男一人。父親にかわいがられ、父と一緒の布団で寝ていた記憶もある。

「そんなわけで母を中心に絆が強くて、そこに家内を迎えたんです。おふくろにも形式的なところがあって『嫁として』の意識が強く、それが問題を起こす原因の一つと思います。最初は楽観してたんですが、第三者的におふくろが悪い、家内が悪いと言えると思っていたら、感情の問題になって。いい、悪いじゃすまない。私がどちらかについたら、ますますこじれそうで。仕事に逃げたんです」

その逃げたあとを一手に引き受けたのが霧子さんだった。

「霧子は自分がわがままをしたら、両家の家族がばらばらになってしまうと思っていたようです。常に『いい子』でなければいかんと。それが無意識にストレスに。非行や覚醒剤に走らなかったから、過食嘔吐になったのかなと思いますね」

父親は私大の電気学科を卒業、建設会社に就職した。

「当時は建設ブームで忙しくなる寸前でした。ODA無償援助のはしりでカンボジアに稲作・畜産研究所と診療所を建てるプロジェクトが飛びこんできて。高校時代に第二外国語でフランス語をやったので、現地に一年二カ月ばかり行って、それ以来、外国の仕事を手がけることに……。父が戦死したところに行きたいという気持ちもあったんですね」

アメリカ・ケンタッキー州の自動車工場。メキシコ、上海のホテル。ロンドンの有名ビルの保存工事……と、電気工事を中心とする企画、施工管理などを手がけてきた。

「私は電気部門担当ですから、真っ暗な建物に電気を引きこんで、ビルにぱっと明かりがついた瞬間というのは、やった人でないとわからないと思いますね。建築はおもしろかったし、家族の問題をさしおいて、仕事にのめりこんだということはありますね」

仕事と家族にかける比率を九対一程度でやってきたからこそ、世界に誇れる建物を完成させることができたという自負心が父親にはある。

「しかし、その裏には家族が犠牲になっているわけで、仕事中心のやり方は私たちの世代で終わりだと思いますね。子どもたちの心のなかに入っていこうとせず、表面的に学校の成績を見たりして、『うまく育ってるじゃないか』と思ってたんですが……。私の人生をふり返って無駄だったという思いはないんです。でも、その代償を霧子が引き受けたと言われると、ひと言もありません。私は、その点では父親失格です」

生活を楽しむ大切さ

霧子さんは、過食嘔吐からの脱出記を『それでも吐き続けた私』というタイトルの本にまとめ、講談社から一九九七年一月に出版した。その際、なぜ過食嘔吐が止まったのかを自分なりに検証せざるを得なくなった。

「止まった背景には、母だけでなく、父も祖母も、考え方や姿勢を変えてきたことが影響しているんです」

一九九五年の暮れ。母親の雪子さんから、こんな趣旨の手紙をニューヨークで受け取った。

「あなたが、おばあちゃんにあてた短歌を読みました。泣けて泣けて仕方がなかったです。こんなにつらく、苦しい思いを一人で耐えていたのかと思って。ママにはどうすることもできません。

ただ遠くより、あなたの行く姿を見るだけです」

手紙を読んだ霧子さんは、自分の存在を無条件に母親が認めてくれたのだと感じた。

「アウトサイダーの私を家族も周りも認めて『好きにしなさい』と言いだした。でも支えてくれる。私がいい子でなくても捨てないかどうかを、見たかったんですね」

アメリカに渡ったときは、将来、カウンセリングの専門家になろうと考えたこともあった。

「でもそれは口実で、しばらくは絵をかき、ダンスをすることにしたと母に電話した。それ以来、何かが吹っきれた。もういいやって開きなおったら、すっきりしたんです」

エクスプレッシブ・アーツ・セラピーで「ノーッ」と絶叫したことも効果があった。

「いやということが言えず、のみこんでいたら、腹が膨れてしまった。『いいえ』『違います』『いやです』が、腹にたまっていたんです」

視野を広げて、社会構造的に分析したら、どうなるか。

「過食嘔吐するときの気持ちって抽象的なあせり。親の期待は、社会で優位な位置にいること。つまり日本社会の戦後の矛盾をすべてのみこめということだったのかもしれない。世間的に認められる仕事をいやだと宣告したことをきっかけに、我を通すことを決めたら、止まっていたんです」

霧子さんの検証は続く。

「私はとくにしたいことがなかったから、周りの枠にはまっているほうが楽だったし、そうでないのが恐ろしかった。いつもがけっぷちを歩いていて、唯一の柵である会社や社会的認識度がなくなると、自分がなくなると思っていた」

ニューヨークでは、さまざまな人間が、さまざまな生き方をし、しかもその生活を楽しんでいた。「私は『生活を楽しむ』ことに気がついた。それはいままでの日本社会では、許されなかったこと。それにはアウトサイダーになる勇気が必要だ。ニューヨークでいろいろなスタイルの人間と会い、話をすることで『私は私』という態度を教えられたんです」

「過食が治ったら、ほんとうの問題が見えてきた。それは考えるのも恥ずかしかった『いかに生きるべきか』ということ。そして、やりたいこと、やらなければいけないことのバランスを自分なりにつかんでいくこと。これがほんとうの問題だったのです」

霧子さんの長い話は終わった。自分らしく生きる道を求めようとすると、いまの日本社会、学校、そして家族は、さまざまな壁となって立ちはだかってくるように見える。その構造的な厚い壁を切り崩すのに、霧子さんは、十五年もかかったのだ。

霧子さんの体験を人ごとでないと受け止めている人びとは多いと思う。流れや世間体に身を任せる楽な道を選ぶのか、それとも悩み苦しみながらも自分らしく生きようとするのか。その選択は一人ひとりにかかっている。

●横川和夫（よこかわ・かずお）1937年、小樽市生まれ。60年、共同通信社入社。72年に文部省（現文科省）を担当して学校教育のあり方に疑問を感じ、教育問題、学校や家庭から疎外された少年少女、さらには家族の問題を中心に、日本社会の矛盾が表出する現場を一貫して追い続けてきた。論説兼編集委員を経て現在はフリー・ジャーナリスト。著書・共著には、依存から自立へという人間の成長発達の基本を検証した「荒廃のカルテ＝少年鑑別番号1589＝」、現在の家庭と学校の抱える病巣を鋭く描いたベストセラー「かげろうの家＝女子高生監禁殺人事件＝」（共同通信社刊）、健全で理想的な家庭と見られる家に潜む異常性を暴いて話題となった「仮面の家＝先生夫婦はなぜ息子を殺したのか＝」（共同通信社刊）では93年度日本新聞協会賞を受賞。北海道・浦河で精神障害という病気をもった人たちが当事者性と自己決定力を取り戻していくプロセスを克明に追跡した「降りていく生き方」（太郎次郎社刊）などがある。

本書は、1997年6月に共同通信社より刊行された単行本に再編集と加筆修正を行い、復刊したものです。

大切な忘れもの
——自立への助走——

二〇一二年五月三〇日　初版発行

著　者　横川和夫
発行者　井上弘治
発行所　駒草出版　株式会社ダンク 出版事業部
〒一一〇-〇〇一六
東京都台東区台東一-七-二秋州ビル二階
TEL　〇三（三八三四）九〇八七
FAX　〇三（三八三一）八八八五
http://www.komakusa-pub.jp/

［ブックデザイン］　高岡雅彦
印刷・製本　モリモト印刷株式会社

ISBN 978-4-905447-05-4